글로벌 비즈니스 승리의 법칙

# 글로벌
# 비즈니스
# 승리의 법칙

다국적 기업에는 주인이 없다

이병승 지음

# 글로벌 비즈니스 환경과 갈라파고스 거북이

"다국적 기업에는 주인이 없다."

이 말은 책에 여러 번 나올 것이다. 이 짧은 문장으로 다국적 기업에 대한 많은 것이 설명되기 때문이다. 오너 경영체제가 일반적인 우리나라 기업들과 달리 모든 업무가 프로세스에 따라 운영된다는 핵심이 담겨 있다.

나는 미국에 본사를 둔 다국적 기업 'A'사의 글로벌 임원이자 1997년에 설립한 한국공장의 합작 파트너로서 20년 넘게 근무했다. 지금은 익숙해졌지만 처음에는 이해가 힘든 일이 많았다. 별것 아닌 계약서 문구 하나 때문에 수 억에서 수 십억 원의 계약을 포기해야 했던 일도 있었고, 200억 원이면 지을 수 있는 공장을 10년 동안 100억 원의 임대료를 지급하는 조건으로 임대계약을 맺었던 일도 있었다. 이익이 많이 나더라도 현금이 줄어들면 CEO를 포함해서 모든 직원의 보너스가 줄어들기 때문이다.

또 계열사 중 하나가 에이전트를 통해 국내 건설사들과 체결한 수십 건의 계약을 법무팀이 승인을 거부하는 바람에 모두 취소했던 일도 있었다. 표준계약 약관이 첨부되지 않았다는 이유다. 그로 인해 계약 당사자인 거래처들로부터 'A'사의 모든 계열사가 거래정지를 당했다. 규정을 따르지 않은 계약 건이 발견된 이상 회사의 이익이 희생되더라도 취소하는 것이 법무팀의 의무이다. 규정을 어기며 회사의 이익을 지키는 것은 어리석은 일이다. 다국적 기업에는 고마워할 주인이 없기 때문이다. "문제가 생기면 내가 책임질 테니 밀어붙여." 하고 말할 사람도 없다. 오히려 호시탐탐 기회를 노리는 경쟁자들에게 공격의 좋은 빌미가 된다.

법무팀에서는 거래처에서 소송을 제기하면 변상을 각오하고 계약을 취소했는데 손해배상을 요구한 곳은 없었다. 원만한 타협이 어려우면 소송이 해결책일 수도 있다. 설사 판결까지 가더라도 그 때문에 거래를 끝내는 일은 드물다. 소송의 결과가 개인적인 감정으로 확대되지 않기 때문이다. 규정을 따르지 않으면 개인이 책임을 져야 한다. 하지만 규정을 지키려다 보니 법적 분쟁이 발생했고 그 결과 패소했다면 개인이 책임질 일이 없다. 서로가 프로세스에 충실하다 보니 소송까지 왔을 뿐이다.

반면에 우리나라의 기업문화에서 소송은 타협을 위한 모든 노력이 실패했을 때 취하는 마지막 조치다. 국내의 많은 기업이 다국적 기업과 거래나 협상을 할 때 범하는 실수의 대부분은 상대방의 전략을 예측하고 판단할 때 그들의 기준도 우리와 비슷할 것이라는 선입견에서 출발한다. 글로벌 기업문화에 대한 이해와 적용이 더욱 절실해지는 이유다.

글로벌 비즈니스 거래를 할 때 상대방의 비즈니스 관례business practice에 대한 이해가 부족하면 종종 일을 그르치거나 불필요한 손해를 떠안기 쉽다. 우리가 가진 문화적 가치와 그에 따른 관습은 환경이 바뀐다고 쉽게 변하지 않는다. 상대방도 마찬가지다. 비문화적인 비즈니스 관례에 대한 이해 부족에서 비롯된 문제는 경험이 쌓이면 쉽게 해결할 수 있지만 문화적인 차이 때문에 생기는 것은 직접 체험해 보지 않으면 해결이 쉽지 않다. 글로벌 시장에서 다양하게 전개되는 협상 안건에 전략적인 대응을 하기 위해서는 글로벌 비즈니스 문화에 대한 폭넓은 이해가 필요하다.

다국적 기업에서는 전문경영인에게 일일이 간섭할 주인이 없다. 그러다 보니 모든 업무는 정해진 프로세스대로 움직인다. 뒤집어 말하면 그들의 비즈니스 관례와 업무 프로세스를 제대로 이해하고 잘 활용한다면 대부분 예측 가능하여 협상에 유리하게 대처할 수 있다. 전문경영인인 CEO는 목표와 큰 흐름의 방향만 제시하고 모든 업무를 전적으로 전문가들인 스태프에게 위임한다. 그리고 성과를 정기적으로 보고 받는다. 반면에 각 스태프는 자신의 성과에 대해서 철저히 책임진다. 목표를 달성하면 거액의 보너스가 지급되지만 그렇지 못하면 물러나야 한다.

이사회가 있지만 CEO에게 간섭하는 사안은 제한적이다. 이사회

의장을 겸하는 CEO도 많다. 언뜻 이해가 가지 않겠지만 다국적 기업에서는 주주가 마음에 들지 않아 전문경영인이 떠나는 것보다 전문경영인이 마음에 들지 않아 주주가 떠나는 것이 더 일반적이다. 그래서 주주 구성은 수시로 바뀐다. 한때 'A'사 지분의 40%를 헤지펀드에서 소유했는데 내가 떠날 때는 3%도 되지 않았다.

나는 오랫동안 다국적 기업의 이너서클에서 회사의 중요한 정책이 어떻게 수립되고 중요한 의사결정이 어떠한 절차나 과정을 거쳐 이루어지고 실행되는지 가까이에서 보고 직접 참여해 왔다. 나의 이러한 독특한 경험을 가급적 많은 사례와 함께 소개하여 다국적 기업에 대한 오해나 이해 부족으로 일선에서 어려움을 겪은 분들에게 도움이 되었으면 하는 바람으로 책을 낸다. 우리와 비교하여 어느 쪽이 좋다는 식의 관점은 배제하려고 노력했다. 전문경영인 체제나 오너경영 체제 중 어느 것이 우월한지 논하는 것은 의미가 없다. 기업문화란 오랫동안 익숙해진 각자의 환경에서 최적화되어 왔기 때문이다.

인터넷이 발명된 20세기 말부터 전 세계가 하나의 거대한 네트워크로 묶이기 시작한 글로벌 비즈니스 환경은 21세기에 들어서는 모빌리티 플랫폼 기반을 넘어 끝없이 진화하고 있다. 이러한 환경 변화는 모든 분야에서 서구의 비즈니스 문화를 글로벌 표준으로 가속화하고 있다. 한때 세계에서 두 번째 경제 대국이었던 일본이 바뀐 환경에 제대로 적응하지 못하고 뒤처진 이유가 여기에 있다. 20세기까지 성공의 방식이었던 그들의 기업문화는 더 이상 글로벌 환경에서 통하지 않는다. 그뿐만 아니라 그들을 갈라파고스의 거북이처럼 글로벌 생태계에서 고립시키고 있다.

대한민국 역시 또 다른 도약을 위해서는 새로운 환경에 적응하는 것 이외의 다른 방법이 없다. 이는 선택의 문제가 아니다. 지금 대한민국은 고도성장 후 몸집은 커졌지만 정신적으로는 성숙하지 못한 청소년처럼 성장통을 앓고 있다. 아름다운 나비 성체로 거듭나기 위해 애벌레가 변태의 아픔을 참으며 허물을 벗는 것처럼 아프지만 글로벌 생태계에 적응하기 위해 거듭나야 한다.

다국적 기업에는 주인이 없다. 다국적 기업은 모든 업무를 프로세스에 따라 운영한다.

**차례**

## 4장 다국적 기업의 보상체계를 이용하라 145

## 5장 다국적 기업과 일하는 법은 다르다 167

# 1장

# 다국적 기업의
# 생리를
# 이해하라

# 1

# 거절할 수 없는 제안을 받다

나는 미국과 1997년 설립한 합작회사를 20년 넘게 운영해 왔다. 합작 이전의 우리 회사는 10년 동안 매출 3,000만 달러 정도인 미국의 'D'사에서 유틸리티* 설비를 수입하여 국내시장에 판매했다. 그러던 중 매출 2억 달러 정도 규모인 'F'사가 우리와 거래하던 'D'사를 인수합병하면서 우리 회사에 합작을 제의했다. 이후 'F'사는 매출 규모 20억 달러인 'U'사에 인수합병되었고 최종적인 합작 계약은 'U'사와 체결하였다. 그리고 'U'사는 또 매출 규모 50억 달러인 다국적 기업 'A'사에 매각되어 지금은 'A'가 주인이며 내가 떠날 때까지

---

\* 전기, 스팀, 냉각수 등 공장을 가동에 기본적으로 필요한 동력원 및 열원을 공급하기 위한 시설의 총칭

국내 제조법인의 합작파트너였다.

내가 수입대리점을 할 당시만 해도 이 유틸리티 설비는 국산 제품이 없어 모두 수입에 의존했다. 유틸리티 설비는 모든 공장에 반드시 필요하다. 당시 대한민국 경제는 아침에 눈뜨고 일어나면 새로운 공장들이 우후죽순처럼 들어설 정도로 고도성장을 구가했다. 당연히 우리 회사 제품의 판매는 매년 늘어났다. 그러나 시간이 지나면서 경쟁업체 수가 늘어났고 가격 경쟁력은 점차 떨어졌다. 오랜 고민 끝에 유틸리티 설비를 국산화하기로 결정했다.

유틸리티 설비를 국산화하기로 결정은 했지만 우리는 제조에 대한 경험과 지식이 전무했다. 처음 몇 년간은 그야말로 실패와 고난의 연속이었다. 제품에 문제가 생기면 해결하기 위해 밤늦게까지 공장에 남아 도면과 씨름하기 일쑤였다. 포기를 모르는 노력과 고생 끝에 공장을 짓고 독자적으로 생산을 시작하게 되었다. 유통업에서 제조업으로의 변신은 엄청난 도전이었다. 제품의 품질이 어느 정도 안정되자 회사의 일상은 정상화되었다. 그 무렵 미국에서 합작 제의를 받았다.

미국에서 합작을 원했던 것은 한국 시장에서 자신들의 제품 판매 기반이 계속 필요했기 때문이다. 독자적으로 개발한 우리 제품의 가격 경쟁력이 미국과 유럽 계열사 제품보다 뛰어나 시장에서의 이익을 늘리는 데도 도움이 된 점도 작용했다. 그런데 그것은 표면상의 이유였다. 그들이 합작회사 설립이 필요했던 실질적 이유는 전혀 다른 데 있었다. 복잡한 정치적 계산이 깔려 있었던 것이다.

원래 'F'사의 계획에 우리 회사와의 합작은 없었다. 그들의 계획은 중국회사를 인수하여 이머징 마켓*에 사업 기반이 있다는 것을 대외에 보여주는 것이었다. 'F'사를 좋은 가격에 매각하기 위해서 구색을 갖추는 게 필요했다. 그때는 이머징 마켓이 뉴욕증시의 화두였고 이머징 마켓하면 막 개방된 중국을 뜻했다. 그런데 이 계획은 'F'사의 부사장인 제임스James가 중국 출장을 왔다 돌아가는 길에 우리 회사를 들르면서 변경되었다.

여태껏 우리 회사가 자기들 제품을 수입 판매하는 회사인 줄 알았다가 방문해보고는 제조를 시작했다는 사실을 알았다. 이를 사장에게 보고하면서 중국회사 인수 대신 한국에 합작회사를 설립하는 것으로 방향이 바뀌게 된 것이다. 제임스가 중국 출장 중 인수할 만한 회사를 몇 개 들러 보았지만 그중 가능성이 있는 후보 회사는 하나도 없었기 때문이다. 그의 말에 의하면 중국회사의 기술 수준은 저급하고 기반 시설도 열악했다고 한다. 심지어 공장 내부가 포장이 되어 있지 않아서 흙바닥에서 사람들이 작업을 할 정도였다고 했다.

제임스가 우리 공장을 보고 돌아간 지 일주일 후에 연락이 왔다. 비즈니스 왕복 항공권을 보낼 테니 며칠 내로 미국으로 들어오라는 것이다. 제임스가 우리 회사를 방문할 당시 사장이 성격이 급하다는 얘기를 대충 들었지만 그 정도로 급할 줄은 몰랐다. 사실 나는 그때까지만 해도 사장이 나를 부른 이유가 합자회사 설립보다 생산하지 않는 타입의 제품을 한국에 판매하기 위한 협의를 위해서일 것으

---

* 신흥시장

로 생각했다. 같은 유틸리티 설비라 하더라도 많은 종류와 타입이 있었고 이제 막 제조를 시작한 우리 회사의 제품 라인업은 경쟁 회사와 비교해 많이 빈약했다. 그래서 우리 회사에 합작을 제의하리라고는 생각하지 않았다.

언젠가는 알게 되겠지만 독자적으로 제조를 시작한 것을 미국에 말하지 않았던 것은 전 모델을 국산화하는 데 상당한 시간이 걸릴 것이기 때문이다. 'F'사로부터 수입 물량은 점차 줄겠지만 여전히 수입이 필요했다. 그런데 'F'사가 이를 알게 되면 판매를 중단하지 않을까 우려해서였다. 제임스가 우리 회사에 다녀가고 난 뒤에는 이에 대한 부담은 없어졌다. 우리가 제조를 시작한 것을 보고 그는 놀라기보다 흥미를 보였기 때문이다. 손해 볼 것 같은 느낌은 들지 않아 미국에 가기로 했다.

김포공항에서 노스웨스트 항공 뉴욕행 비행기에 탑승했다. 비즈니스 클래스는 처음 타봤다. 널찍하고 다리를 쭉 뻗을 만큼 길게 펴지는 좌석과 고급스러운 식기에 코스별로 나오는 음식은 모든 서비스가 인스턴트인 이코노미 클래스와 달랐다. 30대 중반의 젊은 나이에 이런 호사를 누리니 기분이 우쭐했다. 사무장을 빼고는 대부분 50이 넘은 여 승무원들이었는데 서빙하는 것을 보면서 정말 체력이 좋다는 생각이 들었다. 나는 원래 어디에서든 쉽게 잠이 드는 스타일이라 이륙 후 와인을 곁들인 식사를 마친 뒤 바로 잠에 빠졌다.

한참 자고 난 뒤 일어나니 착륙까지는 5시간가량 남아 있었다. 다시 잠이 들기 쉽지 않을 것 같아 제임스가 우리 회사에 왔을 때 준 'F'

사의 결산보고서와 계열사들 제품이 간략하게 소개된 회사자료를 읽었다. 영업이익이 15퍼센트 정도이니 수익성은 양호했다. 계열사 제품 중 한국 시장에 소개하면 좋겠다 싶은 흥미로운 것들이 더러 있었다. 간단한 식사를 마친 뒤 사장을 만나 어떤 얘기를 나눌지 이런저런 생각을 하다 보니 이윽고 JFK 공항 착륙을 알리는 기내 방송이 나왔다.

뉴욕에서 환승하여 2시간 남짓 비행 후 플로리다 올랜도의 MCO 국제공항에 도착하니 제임스가 게이트까지 마중을 나왔다. 차가 고속도로로 진입해 인터체인지를 지나 끝없는 직선도로가 펼쳐지자 제임스는 입을 열었다. 그는 중국 출장 후 사장에게 중국회사 대신 우리 회사를 인수하라고 건의했다고 했다. 직접 들러 보았지만 중국에는 마땅한 회사가 없다고 하자 사장은 바로 나를 미국으로 부르라고 했다고 한다. 그는 원래 중국회사 인수계획이 'F'사의 매각 계획의 일환이었다는 얘기도 해 주었다.

이제야 제임스가 우리 회사에 다녀간 뒤 지금까지의 상황에 대한 그림이 그려졌다. 그렇지! 장기적인 계획으로 인수하는 것도 아니니 꿩 대신 닭이라고 회사 매각을 위한 장식용으로는 우리 회사가 더 적당하다고 판단했던 것이다. 당시 중국은 개방한 지 얼마 되지 않은 때라 제대로 된 회사가 없었다. 그런데 나는 회사를 팔고 싶은 생각이 없었다. 'F'사의 다른 계열사 제품 수입에 관심이 있어서 왔다고 하니 제임스는 부담 갖지 말고 일단 사장인 데이브Dave를 만나보라고 했다

제임스는 처음에 웨스트포인트, 즉 미국 육군사관학교에 입학했는데 중퇴하고 공대를 졸업했다고 했다. 그가 대학을 입학할 때쯤 사관학교 출신들을 굉장히 좋은 조건에 특채하는 대기업이 많았다. 그의 꿈은 대기업 임원이 되는 것이었다. 그런데 월남전이 끝나자 사관학교 출신들의 인기가 사그라들었고 그는 학교에 다니면서 오랫동안 고민한 끝에 자퇴했다. 공대를 졸업하고 제철소에서 엔지니어로 근무했는데 현장에서 벗어나고 싶은 마음에 이 회사 영업부에 입사한 것이 어언 20년 가까이 되었다고 했다.

　그는 사장에 대해서도 많은 얘기를 해 주었는데 정말 대단한 사람이라는 생각이 들었다. 사장은 어려운 가정에서 태어나서 주택 자재 영업을 하다 하버드대학교 MBA까지 마치고 자수성가한, 소위 아메리칸 드림을 실현한 사람이었다. 사장에 관한 얘기를 듣다 보니 어느덧 인터체인지를 빠져 나왔다. 그런데 호텔로 가는 것이 아니고 회사로 가는 것이 아닌가? 20시간 넘게 비행기를 타고 와 수염은 덥수룩하고 몰골이 말이 아닌데 회사로 가다니. 왜 호텔로 가지 않느냐고 하니 사장이 나를 공항에서 바로 회사로 데려오라고 했다고 한다. 지주회사인 'F'사의 사무실은 유틸리티 설비를 생산하는 6개 계열사 중 사장이 제일 먼저 인수한 회사이고 규모도 제일 큰 공장인 'P'사의 플로리다 공장 사무실에 입주해 있었다. 직원이라고 해봐야 다섯 명이 채 안 됐다. 사장 말고는 모두 계열사에서 지주회사로 이동한 사람들이다.

　사장은 키가 170센티미터도 안 되는 단신이었다. 하지만 얼굴에서 뿜어져 나오는 카리스마는 장난이 아니었다. 성격은 한국 사람 못지않게 급했다. 나를 보자 이름부터 물어봤다. 미스터 리라고 대답했다. 이전까지 이 회사의 수입대리점을 할 때는 'D'사의 직원들은 나를 미스터 리라고 불렀다. 자기를 데이브라고 소개하고 나에게 성이 아닌 이름을 부르고 싶다고 했다. 내 이름은 한국 사람도 발음하기 쉽지 않은데 알려주자 몇 번 따라 하더니 힘들어서 안 되겠으니 앞으로 '벤Ben'이라고 부르겠다고 한다. 나의 의사를 물어보는 것이 아니고 일방적인 통보다. 그렇게 해서 지난 30년 동안 나는 미국에 가면 '벤'으로 불린다. 이름을 물어본 뒤 두 번째 질문은 회사를 팔겠냐고 물어왔다. 처음 보는 데이브의 압박이 너무 저돌적이어서 적잖이 당황스러웠다. 싫다고 하니 그만 호텔에 가서 쉬라고 했다. 내일 아침에 사람을 보낼 테니 골프장에서 보자고 했다.

다음날 12시쯤 로비에 나가니 데이브가 직접 픽업하기 위해 기다리고 있었다. 자그만 체구지만 그의 얼굴에는 위엄이 서려 있었고 또 한편 익살스러운 구석도 있었다. 어제 사무실에서 키가 190센티미터가 넘는 친구가 데이브 앞에서 몇 마디 하지 않아도 쩔쩔매는 걸 보면 그 위엄이라는 게 비단 나만 느끼는 것은 아니었다.

이윽고 차가 골프장에 도착하자 옷을 갈아입은 뒤 카트로 오라고 했다. 옷을 갈아입고 카트에 오르니 조그만 아이스박스에 맥주가 네댓 캔 담겨 있었다. 맥주 한 캔을 따서 내게 건네고 자기도 한 캔 따고는 캔을 부딪쳤다. 그는 맥주를 한 모금 들이켠 뒤 양손을 허공으로 벌리면서 "디스 이즈 라이프!This is life!"라고 외쳤다. 눈이 시릴 정도로

청명한 플로리다 하늘에 하얀 뭉게구름 사이로 비치는 따가운 9월 햇살은 기분 좋게 더웠다.

나중에 직원들에게 들었는데 데이브가 제일 좋아하는 것이 두 가지가 있다고 했다. 그중 하나는 골프다. 일주일에 네다섯 번 정도 라운딩을 한다고 했다. 그리고 나머지 하나는 맥주다. 그가 좋아하는 맥주는 '쿠어스 라이트Coors Light'였다. 그날 이후 미국 출장을 가면 직원들과 식사할 때마다 쿠어스 라이트만 시켰던 것이 기억난다. 나도 그랬다. 직원 모두가 사장의 모든 것을 따라 하고 싶어했다.

첫 번째 홀에 도착하자 데이브는 갑자기 지갑을 꺼내 티 그라운드에 떨어뜨리면서 내기를 하자고 했다. 회사를 팔고 싶지 않으면 합작을 하자고 했다. 그리고는 합작에 대한 자기 생각을 얘기해주겠다고 하며 18홀이 끝날 때까지 내가 오케이 하지 않으면 자기 지갑을 가져가도 좋다고 했다. 다시 말해 라운딩이 끝나면 내가 반드시 합작 제의를 받아들이게 될 것이라는 예언이자 협박이었다. 처음 보았을 때 카리스마만 있는 게 아니고 익살스러운 면도 있다고 느꼈는데 내 육감이 맞았다.

세 번째 홀을 지날 때까지는 서로가 플레이에 집중하느라 별말이 없었다. 네 번째 홀에 접어들자 그는 우리 회사 매출이 얼마인지 물어봤다. 내가 연 매출 20억 원이라고 얘기했다. 그러자 그가 물었다.

"벤, 당신은 매출 20억짜리 회사의 100퍼센트 지분을 가진 오너가 되고 싶은가, 아니면 200억짜리 회사의 50퍼센트 지분을 가진 동업자가 되고 싶은가?"

나는 반박의 여지가 없어 얼떨결에 후자가 되고 싶다고 대답할 수밖에 없었다. 그는 차분하게 왜 이번 합작이 내게 좋은 기회인지와 합작을 했을 때 우리 회사에 어떤 이익이 있는지를 하나씩 설명해 나갔다. 예를 들면 자재를 구입할 때 'F'사와 공동으로 구매하면 지금보다 가격이 훨씬 저렴하다고 했다. 'F'사의 모든 공장이 우리와 동일한 제품을 생산하니 가능하다는 얘기다. 또 미국과 유럽에 있는 'F'사의 네트워크를 이용해서 우리 회사 제품을 수출할 수도 있어 판매를 확대할 기회가 될 수 있다고 했다. 본사의 인적, 물적 자원을 공유할 수도 있어 효율도 상당히 개선될 것이라고 했다. 결국 18홀이 끝나기 전에 나는 회사 합작에 오케이 하고 말았다. 왜 모든 직원이 이 작은 체구의 사장 앞에서 쩔쩔매면서 무한한 존경심을 느끼는지 알 것만 같았다. 결국 미국을 떠나오기 전 합작에 대한 개괄적인 안을 담아 양해각서MOU를 체결하였다.

데이브를 만나고 한국으로 돌아오는 비행기에서 곰곰이 생각했다. 만일 우리나라에서 이러한 상황이라면 직원들은 사장에 대한 존경심을 가질 수 있을까? 자칫 다른 시각에서 보면 사기꾼으로 보일 수도 있다. 회사를 비싼 가격에 매각하기 위해 이머징 마켓에 사업 기반이 있는 것처럼 꾸미기 위해 합작회사를 급조한 것이기 때문이다. 땅이 넓은 미국이라 가능하지 좁은 우리나라에서는 불가능하리라는 생각이 뇌리에서 떠나지 않았다.

# 2

# 비즈니스는 치밀하게 짜인 쇼다

우리와 양해각서가 체결되고 1년이 훨씬 넘어서였다. 데이브는 본사의 모든 임원과 매니저, 본사 아래에 합병된 여섯 개 회사의 모든 임원, 또 이들 회사의 대리점 사장과 임원 모두 부부 동반으로 플로리다의 한 리조트로 초청해 3일 동안 페스티벌 행사를 가졌다.

행사에 참석하기 위해 오는 모든 사람의 항공료를 비롯해 공항 픽업, 호텔 숙박, 그리고 전 일정 동안의 식사비까지 모두 회사에서 부담하였다. 우리 부부에게도 비즈니스 왕복 항공권을 보내왔다. 올랜도 공항에 도착하자 길이가 10미터가 넘는 리무진이 우리를 기다리고 있었다. 차 안에는 화려한 조명 아래 냉장고와 각종 술도 비치되어 있었다. 기사는 미국에서는 결혼기념일이나 특별한 날에 이런 리무진을 많이 이용한다고 친절하게 설명해줬다.

　회사의 초청을 받고 가보니 행사 참가자는 500명이 넘었다. 3일 간의 행사는 오전에는 회의를 하고 오후에는 다양한 액티비티를 하도록 구성되어 있었다. 회의에서는 여섯 개 회사가 각자의 대리점들을 위한 클래스를 따로 만들어 인수합병 후 하나의 회사로서 비전과 목표를 설명하였다. 예를 들면 이런 내용이었다. 지금까지 경쟁 관계에 있던 계열사들의 제품을 멀티 브랜드로 판매할 계획이니 제품 라인업이 다양해져 영업에 상당히 도움이 될 것이고 구매력 증가로 자재 조달 원가가 낮아지니 가격 경쟁력도 높아질 것이라는 식의 장밋빛 전망이었다.

　오후에는 낚시, 골프, 관광 등 다양한 야외 프로그램이 준비되어 있었다. 나는 오후 액티비티로 골프를 선택했는데 'U'사의 CEO인 브라이언Brian과 같은 조에 편성되었다. 알고 보니 'U'사가 바로 제임스가 말한 'F'사를 인수하는 데 관심을 가진 회사였다. 'U'사의 임원도 라운딩을 함께했는데 CEO의 비서실장과 같은 역할이었다. 그는 브라이언뿐만 아니라 내게도 라운딩 내내 세심하게 배려해주었다. 브라이언은 라운딩 중 한국의 주요 산업에 대해서 많이 물어보았는데 의외로 아시아에 대해서 깊은 지식은 없는 것 같았다.

　이 행사는 외형적으로는 우리 회사까지 합쳐서 7개 회사가 한 회사가 되는 축하 파티였지만 실세로는 회사 매각을 위해 한 사람을 겨냥한 치밀한 전략의 일부였다. 타깃이 된 'U'사의 CEO인 브라이언을 초청하여 모든 프로그램을 직접 목격하게 하고 'F'사가 얼마나 큰 성장잠재력을 가지고 있으며 대리점, 즉 고객들이 얼마나 충성심이 강한지 과시하는 것이 행사의 실질적인 목적이었다. 한국에도 합작회사가 있다는 것을 보여주며 이머징 마켓에도 기반이 있다는 것도 확인시키기 위한 것이었다.

행사 기간에 나는 각 클래스룸을 옮겨 다니며 계열사의 여러 사람을 만나 얘기를 나누었다. 앞으로 일을 같이하게 될 여섯 개 회사에 대해 자세히 파악할 좋은 기회를 가질 수 있었다. 그런데 이번 행사 기간에는 한 번도 데이브와 한 조에 편성되어 있지 않았다. 짐작하건대 데이브의 회사가 이머징 마켓에 기반을 가지고 있다는 것을 확인시켜주고 브라이언이 궁금한 것이 있으면 나에게 직접 물어보라는 의도에서 그랬던 것 같다. 저녁 식사는 데이브와 브라이언이 앉은 테이블에 우리 부부를 배석시켰다. 브라이언은 골프 라운딩을 하며 나와 나눈 대화 내용 중 내가 대답하지 못한 것들, 예를 들면 한국으로의 공장 이전이나 투자계획 등을 사장에게 더 자세히 물어보았다. 여러 질문 중 하나가 지금도 머릿속에 생생하다.

브라이언은 이머징 마켓이라고 하면 중국인데 왜 한국에 합작회사를 설립했는지를 물었다. 한국의 인건비는 당시 중국의 몇 배가 되었다. 데이브의 답변은 미국의 인건비도 한국의 몇 배라고 했다. 그리고 정작 중요한 것은 인건비뿐만 아니라 기술력과 제품의 시장성 등 모든 것이 종합적으로 반영된 제품의 경쟁력인데 한국의 우리 회사가 중국의 어느 회사보다도 앞선다고 대답했다. 그리고 중국에서 만든 제품은 중국 내수 시장에서는 판매가 가능할지 모르나 품질이 열악하여 다른 나라에는 판매할 수 없다고 판단하고 우리 회사와 합작하기로 최종적인 결론을 내렸다고 했다.

20여 년이 지난 지금 많은 종류의 중국 기계제품들이 미국 시장에서 폭넓게 판매되고 있다. 하지만 우리가 생산하는 제품은 아직도 미국 시장에서 중국산을 볼 수가 없다. 합작 이전부터 독자적인 기술을 개발해서 제품을 생산하던 우리가 합작한 지 1년 만에 미국에 수출하게 된 것과 대조적이다. 현재 미국 시장에서 판매되는 수입 제품 중 유럽제품을 제외하면 우리 회사 제품이 거의 유일하다. 데이브의 통찰력이 소름이 끼치도록 뛰어난 건지 회사 매각을 위해 임기응변으로 대답한 것이 우연히 맞은 건지 아직도 모르겠다.

플로리다 리조트에서 행사가 끝나고 얼마 후 'F'사의 매각이 발표되었다. 회사 매각이 성사되고 발표되자 'F'사는 발칵 뒤집어졌다. 회사의 주인이 바뀌게 되어서가 아니었다. 말로만 들었던 인수합병의 귀재이자 전설이라던 사장의 성공을 자기가 근무하는 회사에서 재현된 것을 직접 목격했기 때문이다. 데이브는 6개 회사를 사 모은 가격의 거의 두 배에 매각했다. 내가 보기에는 대동강 물을 팔아먹은 봉이 김선달처럼 거의 사기에 가까운 트릭이었다. 그런데 신기하게도 미국의 직원들은 마치 자기가 미치도록 좋아하는 가수의 콘서트를 본 것처럼 열광했다. 우리 상식으로는 시기와 험담이 있을 법도 한데 정반대였다. 아메리칸 드림에 대한 대리 만족 때문이었을까.

이 회사가 매각된 후에도 데이브는 2년간 더 근무했다. 회사의 매각 조건에 포함된 옵션 중 하나였기 때문이다. 회사 매각 후 내가 본사로 출장 갈 때마다 데이브와 함께 골프 라운딩을 하곤 했다. 그 외에도 내게는 각별히 신경을 써주었다. 우리 회사와의 합작 때문에 회사를 매각할 수 있었다고 생각했기 때문인 듯했다.

데이브가 회사를 높은 가격에 매각할 수 있었던 비결이 비단 우리와의 합작뿐만은 아니다. 나는 인수에 관심이 있는 'U'사 CEO인 브라이언과의 인간적인 유대감을 쌓고 일련의 이벤트들을 치밀하게 연출한 데이브의 쇼맨십이 결정적인 역할을 했다고 믿고 있다.

비즈니스는 쇼다.

# 3

# 결국 탁월한
# 리더의 역량이 중요하다

데이브를 만나러 미국에 처음 갔을 때 제임스와 많은 시간을 보냈다. 그로부터 설립된 지 얼마 되지 않은 'F'사의 설립 배경을 자세히 들을 수 있었다.

데이브는 'F'사 설립 이전에도 기업 인수합병을 통해 큰돈을 벌었다. 일을 그만둔 그는 플로리다의 한 바닷가 대저택에서 여유로운 은퇴 생활을 즐기고 있었다. 그가 'F'사를 설립해 일을 다시 하게 된 것은 한 은행의 집요하고 간곡한 요청 때문이었다. 그 은행은 'P'사에 자금을 빌려주었다. 그런데 P사의 적자가 갈수록 누적되어 대출금을 회수하기 힘들어지자 데이브에게 도움을 요청한 것이다.

'P'사는 산업용 여과기를 생산하는 다국적 기업 'B'사의 사업부 중 하나였다. 'B'사는 의료, 바이오, 우주항공, 화학, 반도체 등 첨단 분야에 특화된 기술경쟁력을 가지고 있었다. 생산 공정에 사용되는 기체나 액체 중의 불순물을 제거하는 산업용 여과기는 그 품질에 따라 생산제품의 불량률이 좌우될 만큼 중요한 설비다. 그 회사의 CEO는 박사학위를 가진 엔지니어 출신으로 첨단제품을 개발하는 데 탁월한 재능을 가지고 있었다. 'B'사의 영업이익은 30퍼센트 이상으로 소위 블루칩이었는데 큰 회사의 한 사업부로 있다가 분리되어 독립된 P사가 된 과정을 들을 수 있었다.

'P'사가 생산하는 제품은 'B'사의 사업부로 있을 때 그 박사학위의 엔지니어 출신 CEO가 발명하였다. 세상에 없던 제품이 탄생하자 새로운 시장이 만들어졌다. 산업용 여과기와 함께 설치되는 유틸리티 설비이다. 당시 반도체 공장은 건축설계 단계부터 이 회사 제품이 아니면 쓸 수 없도록 정해져 있었다. 이 외에도 분야를 막론하고 까다로운 공정에는 대부분 이 회사 제품이 적용되었다. 영업이익은 엄청났다. 그런데 시간이 지나 특허 기간이 만료되자 미국과 유럽에 여러 경쟁사가 생겨났고 영업 이익률은 15퍼센트까지 떨어졌다. 통상 15퍼센트의 영업이익도 굉장히 높지만 첨단기술을 바탕으로 독점을 추구하는 그 박사 CEO에게는 처분 대상이었다.

그는 이 사업부를 매각하기로 하고 인수자로 이 사업부 책임자 존 John을 지목한다. 존은 이 사업부를 인수할 자금이 없었다. 월급쟁이일 뿐이었다. 의아하게 생각하는 존에게 박사 CEO는 인수자금을 빌려줄 은행을 소개해줄 테니 걱정하지 말라고 했다. 은행은 박사

CEO의 소개에 의심 없이 돈을 빌려주었다. 존으로서는 자기 돈 하나도 없이 회사를 인수했기에 손해 볼 게 없는 딜이었다.

문제는 그 이후였다. 갈수록 가격 경쟁은 치열해지고 영업이익만으로 이자가 감당이 안 될 정도로 수익은 악화되어 급기야 자본금이 잠식되기 시작하는 단계에 이르렀다. 영업이익이 악화되긴 했지만 다른 회사에 비해 여전히 나쁜 편은 아니었다. 근본적인 문제는 박사 CEO가 회사를 너무 비싼 가격에 매각한 것이다. 애당초 벌어서 대출을 갚을 구조가 아니었다. 은행은 고민에 빠졌다. 박사 CEO의 명성만 믿고 'P'사에 대한 평가를 소홀히 한 결과였다. 적자가 누적되어 자본금이 완전히 잠식되기 전에 방법을 찾아야 했다. 그러던 중 인수합병의 귀재로 명성을 날리다 은퇴 생활을 즐기고 있던 데이브를 생각해낸 것이다. 회사를 흑자 전환해서 대출금을 갚게 해주면 'P'사 주식의 40퍼센트를 단돈 1달러에 주겠다는 파격적인 제안과 함께 구원을 요청했다. 돈도 돈이지만 묘한 승부욕이 발동한 데이브는 은행의 제안을 받아들였다.

제임스에게 들은 바로는 데이브는 'F'사를 설립하기 이전에도 회사를 여러 개 인수한 뒤 홀딩컴퍼니*를 설립하여 하나로 묶어 뉴욕증시에 상장하여 큰돈을 벌었다고 했다. 인수한 회사들은 모두 한 대기업에 사무용품을 주문자 상표 부착 생산OEM으로 납품하는 조그만 회사들이었다. 납품을 받는 대기업은 이름만 들어도 모두가 알 만한 다

---

\* 　지주회사 혹은 모회사라고도 한다. 둘 이상의 다른 회사(자회사)의 주식을 갖고 있으면서 그 회사의 경영권을 기지고 지휘하고 감독하는 회사

국적 기업인데 전 세계 시장에 수천 가지 사무용품을 판매하고 있었다. 이 많은 제품 중 하청업체로부터 OEM으로 납품받는 제품이 많았다. 데이브는 그 하청업체 중 여러 개를 인수하여 합병한 것이다.

합병한 회사들의 제품이 비슷하면 늘어난 물량 때문에 생산원가가 절감되고, 거래처가 비슷하면 영업비용 등 관리비가 줄어드는 시너지 효과가 있다. 데이브가 설립한 홀딩컴퍼니는 이 두 가지 시너지 효과를 다 얻을 수 있어서 뉴욕증시에 상장될 때쯤 영업이익이 상당히 개선되었고 비싼 가격에 매각할 수 있었다. 납품을 받던 그 대기업도 여러 개의 조그만 회사와 거래하는 것보다 하나의 큰 회사와 거래하는 것이 비용적인 측면이나 관리적인 측면에서 모두 효율적이니 윈윈이었다.

데이브가 은행의 요청을 받아들였지만 또 다른 난관이 기다리고 있었다. 은행은 이전부터 사장 교체를 위해 존의 지분을 인수하려고 했지만 그럴 수가 없었다. 적자가 누적되어 회사의 재무구조는 갈수록 악화되었으나 일단은 존이 대주주였기 때문이다. 대주주라 하더라도 자기 돈 한 푼 들이지 않고 100퍼센트 빚으로 투자한 회사의 재무구조는 존의 직접적인 이해와 관계 없었다. 신용은 안 좋아지겠지만 최악의 경우 회사를 청산하면 그만이었다. 회사가 없어질 때까지 월급을 받고 끝까지 버티다가 그때 그만두면 된다.

그런데 은행이 데이브에게 흥미로운 얘기를 귀띔해줬다. 은행 측에서 존에게 사직을 요구했을 때 두 가지 조건을 내세웠다는 것이다. 하나는 후임 사장을 자기가 선임해야 하고 나머지 하나는 후임 사장

취임 후 자신은 회장으로 취임한다는 것이었다. 자기 말을 잘 듣는 사장을 앉히려고 하니 지금까지 은행에서 소개하는 후임 사장 후보들을 거부한 것은 당연한 일이었다.

어쨌든 은행에서는 존에게 데이브를 소개하였다. 자신의 사무실에서 기다리고 있던 존은 다소 거만한 태도로 데이브를 맞이하였다. 데이브가 존의 사무실로 들어간 뒤 은행 직원은 두 사람의 첫 만남의 결과를 가슴 졸이며 밖에서 기다리고 있었다. 그런데 1시간도 안 되어 둘이 웃으면서 손을 잡고 나오는 것이 아닌가. 들뜬 기분으로 흡족한 표정을 지으며 존이 밖에 나가자 은행 직원이 물었다.

"어떻게 존이 당신을 후임으로 받아들였습니까?"

데이브는 대수롭지 않다는 듯이 말했다.

"회장이 되는 것부터 존이 원하는 것을 모두 들어주겠다고 했죠."

"존이 회장이 되고 자기 마음에 들지 않으면 사사건건 시비를 걸 텐데 괜찮겠습니까?"

"한번 지켜봅시다."

은행 직원은 당황스러웠다. 존이 회장으로 남는 조건을 수용한다면 데이브가 없어도 진작 사임시킬 수 있었다. 회장이 되면 이사회를 장악해서 당연히 자기 마음대로 주무를 것이다. 그런데 도대체 데이브는 무슨 생각으로 수용했을까? 은행 직원은 불안을 떨굴 수가 없었다.

데이브는 사장에 취임하자마자 이사회를 소집했다. 이사회에서 데이브는 'P'사에 회장이라는 직책이 필요한지 안건에 부쳤다. 만장

일치로 필요 없다고 의결되고 존은 바로 짐을 싸고 쫓겨났다. 밤을 세워 읽었던 시드니 셸던Sdney Sheldon*의 소설에 있음직한 반전이다. 제임스의 애기에 빠져든 나는 황당한 표정으로 회사에서 쫓겨나는 존의 얼굴을 그려보았다. 회사는 대출금을 떠안는 조건으로 존의 지분을 인수하였다. 이 이야기를 자신의 무용담인 양 들려주는 제임스의 표정은 흥분되어 있었다.

존을 해고한 뒤 업무를 어느 정도 파악한 데이브는 주위의 예상과는 전혀 다른 결정을 내렸다. 판매 확대나 원가 절감 방안과 같은 상식적인 이익구조 개선 계획을 내놓는 대신 같은 업종의 경쟁사를 여러 개 인수하기로 결정했다. 그를 불러왔던 은행 입장에서도 예측하지 못한 일이었다. 앞의 사무용품 회사를 여러 개 인수합병하여 성공한 방식을 다시 시도할 셈이었다.

그동안 쌓은 명성으로 데이브는 월스트리트에서 두터운 인맥을 가지고 있다. 그가 투자할 타깃이 정해지면 금액에 상관없이 자금을 조달할 수 있었다. 그를 믿고 투자할 회사는 얼마든지 있었다. 그에게 자금을 대주는 투자사는 주로 헤지펀드**였다. 일반투자자는 실적을 믿고 돈을 맡기지만 헤지펀드는 투자할 회사의 사장이나 CEO의 명성을 믿고 돈을 맡긴다.

데이브는 월스트리트에 있는 한 헤지펀드의 자금을 받아 제일 먼

---

저 회사의 부채부터 갚았다. 실제 이 회사의 영업이익은 'B'사에서 분사하여 매각된 이후 계속 떨어지기는 했지만 여전히 10퍼센트 이상이었다. 문제는 높은 부채율이었다. 간단히 말해서 버는 돈보다 이자로 나가는 돈이 더 많았다. 데이브는 회사의 전체적인 재무 현황을 파악한 뒤 이 점에 주목하여 회생 계획, 나아가 아무도 예상치 못한 인수합병 계획을 수립했던 것이다.

사실 나는 'P'사를 오래전부터 잘 알고 있었다. 'P'사는 한때 전 세계 모든 반도체 공장의 핵심 유틸리티 설비를 독점하고 있다시피 했다. 다른 회사 제품을 사용하면 반도체 제품의 불량률이 올라갔기 때문이다. 그 당시 'P'사의 이익은 엄청났다. 그런데 시간이 흐르면서 경쟁사가 늘어나고 품질 격차가 줄어들자 영업이익은 갈수록 줄게 되었다.

아무튼 부채를 갚는 즉시 당연히 'P'사는 흑자 전환되었다. 처음 은행이 제시했던 조건대로 데이브는 이 회사 주식의 40퍼센트를 1달러, 즉 공짜로 받았다. 그리고 헤지펀드로부터 추가로 자금을 받아 은행이 가진 나머지 지분 60퍼센트도 인수했다. 그는 'P'사를 인수한 이후 미국과 유럽에 있는 경쟁사를 하나씩 사 모아 지주회사를 만들어 뉴욕증시에 상장했다. 이렇게 하여 'F'사가 탄생하게 된 것이다.

다국적 기업의 생리는 이익을 좇는 것이다. 이익을 좇는 과정에서 불법이 아니라면 모든 방법과 수단을 동원하여 이익을 키우려 한다. 이때 '사람'의 역할이 매우 중요하다. 데이브처럼 탁월한 전략가이자 협상가가 회사를 만들고 키워낸다. 시스템도 중요하지만 다국적 기업에서도 탁월한 리더의 역량은 회사의 성장과 생존을 좌우한다. 'F'사의 탄생 배경을 보더라도 복잡한 이합집산, 즉 인수합병과 권모술수에 가까운 협상을 통해 덩치를 키우고 성장을 했다.

시스템을 잘 갖추는 것은 매우 중요하다. 그러나 이를 운용하는 사람에 따라 시스템의 효과와 효율의 가치는 달라질 수밖에 없다. 나는 전설과 같은 'F'사의 탄생 배경 못지않게 나중에 다국적 기업과 갈등을 겪기도 했다. 그때 시스템 문제 때문에 갈등한 게 아니었다. 사람이 문제였다. 다국적 기업에는 주인이 없다고 해도 사람은 있다. 데이브처럼 주위의 예상을 뛰어넘어 자신만의 통찰력으로 전략적인 안목, 과감한 판단, 실행력을 갖춘 리더와 리더십은 다국적 기업의 성공 요건 중 핵심이라 해도 과언이 아니다.

# 4

# 호랑이 굴로 들어가야
# 호랑이를 잡는다

내가 미국의 다국적 기업과 합작을 하겠다고 하니 직원들의 반대가 심했다. 영어를 못하면 회사를 떠나야 하지 않을까 우려해서다. 모르기는 해도 '합작'이라는 말이 주는 막연한 두려움도 있었을 것이다. 주위 지인들의 만류도 많았다. 대기업도 아니고 조그만 중소기업이 합작하면 경영권을 뺏긴다는 둥 시중에 떠도는 근거 없는 우려 때문이었다.

최종 결정은 결국 내가 하는 것이다. 합작 후 발생할 득실을 자세히 따져 보니 득이 훨씬 크다는 결론에 도달했다. 합작으로 인한 제약은 있겠지만 대응하기 나름이라고 판단했다. 호랑이를 잡으려면 호랑이 굴로 들어가야 한다는 심정으로 합작 제의를 받아들였다.

미국에서 양해각서를 가지고 돌아와 바로 국내 메이저 로펌 중 하나인 T로펌을 대리인으로 선임하여 합작 설립에 관련된 모든 업무를 맡겼다. 당시에는 이렇게 다국적 기업과의 합작회사 설립을 위해 계약서부터 행정적 절차까지 다 맡길 로펌이 많지 않았다. 그래서 합작 규모에 비해 아주 큰 법률 자문 비용을 감수하면서 로펌과 계약했다.

하지만 당장 'F'사와 합작을 할 수 없었다. 데이브는 회사 매각 계획을 세우고 있었다. 나는 미국을 방문할 때 이미 이 계획을 제임스로부터 들어 알고 있었다. 데이브는 회사 매각이 급하니 합작 설립을 당장 할 수 없고 합작 계약은 새로 인수한 회사와 체결하는 것이 좋겠다고 알려왔다. 사실 나로서도 급하게 서둘 일은 아니었다. 합작 계약서에 포함되어야 할 내용이 메일로 왔는데 간단하게 볼 수 없었다. 계약서에는 합작사업의 범위, 출구 계획, 그리고 나에 대한 책임과 의무까지 지나칠 정도로 상세히 명시되어 있었다. 섣불리 사인할 일이 아니었다. 왜 데이브가 합작 계약을 새로 인수할 회사와 하자고 했는지 알 것 같았다. 나에게도 합작계약서 내용을 검토할 충분한 시간이 필요했다. 그래서 'F'사 매각 후 새로 인수할 회사와 합작 계약을 하는 것에 동의했다.

데이브가 우리 회사와의 합작을 원했던 것은 복잡한 정치적인 계산이 깔려 있었다. 'F'사를 좋은 가격에 매각하기 위해 구색을 갖출 필요가 있었고 거기에 우리 회사가 적당했다. 그런데 합작회사 설립을 위해 물리적으로 시간이 부족하자 최소한 양해각서라도 체결하기 위해 나를 미국으로 불렀던 것이다. 양해각서에 서명한 뒤 정식 합작계약서에 서명하기까지는 2년이 넘게 걸렸다. 회사 매각이 데이브의 생각보다 훨씬 더 오래 걸린 탓이었다.

나는 재촉하지 않았다. 양사는 이미 합작 계약을 한 것이나 다름없게 협업체계를 구축해서 일하고 있었다. 예를 들면 사장이 약속했던 자재 공동구매와 같은 업무는 합작 이전에 이미 실행되었다. 본사는 신제품 개발 회의 때 우리를 초대했다. 한국 시장의 수요조사도 제품 개발 계획수립 단계부터 반영하기 위해서였다. 미국과 유럽 시장의 수요조사만 반영했던 이전과는 확실히 다른 양상이었다.

드디어 양해각서를 체결한 지 2년이 다 되어 'F'사는 'U'사에게 매각되었다. 새로운 주인인 'U'사 이름으로 작성된 합작계약서 초안이 왔다. 데이브는 회사 매각 후에도 인수한 회사에서 2년간 계속 근무하는 옵션 때문에 떠나지 않았다. 나는 그와 함께 합작회사 설립을 추진할 수 있었다. 김 변호사에게 적지 않은 분량의 합작계약서 내용에 대해 자문받고 이메일로 의견을 주고받았다. 검토할 서류와 협의할 내용이 아주 많았다. 언제 협의가 마무리되어 계약서에 서명할 수 있을지 끝이 보이지 않았다

나는 우리 일을 맡고 있던 T로펌의 김 변호사에게 함께 미국에 날아가서 대면 협상을 하고 빨리 마무리지으면 어떻겠냐고 제안했다. 그는 눈이 휘둥그레지면서 정말 그렇게 하고 싶냐고 되물었다. 자기야 좋지만 우리 회사 규모에서 그 비용을 감당할 수 있겠냐는 의미인 것 같았다. 나는 그 비용 이상으로 'U'사로부터 지분 양도에 대한 보

상을 받아내도록 도와주면 된다고 했다. 그는 국무총리실 법무팀에서 근무하다가 역동적인 해외 비즈니스 관련 업무가 적성에 맞는 것 같아 막 이 로펌으로 자리를 옮겼다고 했다.

마침내 나는 김 변호사와 함께 'F'사를 새로 인수할 'U'사의 본사가 있는 노스캐롤라이나 샬럿으로 날아갔다. 사무실은 샬럿의 다운타운 중심가의 랜드마크인 아메리카은행BOA 빌딩에 독립된 사무실을 가지고 있었다. 한 계열사 공장에 사무실 일부 공간을 빌려 몇 명 안 되는 지주회사 직원들이 근무하는 'F'사와 달리 'U'사는 지주회사 소속의 직원 수가 많아 이 빌딩의 세 개 층을 쓰고 있었다. 이곳에서는 CEO의 참모, 즉 생산과 판매를 책임지는 각 사업부 사장들과 회계, 인사, 법무 등 업무기능별 책임자들이 독립된 팀 조직을 운영하면서 전 세계 계열사들을 지휘하고 지원하는 역할을 했다. 우리나라에서는 IMF 외환위기 이전까지 지주회사 설립을 금지하여 대기업에서는 비서실과 기획실을 두어 그 기능을 대신했는데 유사한 역할이라고 보면 된다. 그때 대기업의 비서실이나 기획실 소속 직원들은 각 계열사에서 차출되어 한 사무실에서 근무했다.

나를 호텔에서 픽업해 여기까지 데려준 데이브와 함께 회의실에 들어가서 자리에 앉았다. 곧이어 브라이언이 회의실에 들렀다. 플로리다 리조트 페스티벌 때 봤으니 1년 만이었다. 반갑게 서로 인사를 건넸다. 두 번째 만나 친근하게 느껴서였을까 아니면 억지로라도 친근감을 표현하고 싶어서였을까 개인적인 질문을 했다. 브라이언의 성은 홀랜드인데 네덜란드계인지 물어보니 뜻밖에 잘 모르겠다고 한다. 의아해하던 나를 본 옆에 있던 임원이 거든다.

"우리는 할아버지와 할머니 윗대부터는 선조가 어디에서 왔는지 잘 모르고 관심도 없다. 네덜란드 성이나 홀랜드 성을 가졌다고 해서 내 혈통이 네덜란드나 홀랜드계라고 말할 수 없다. 지난 200년 동안 워낙 여러 피가 섞여 의미가 없고 단지 그중 하나일 뿐이다. 다른 피가 훨씬 더 많이 섞였다."

"우리는 1,500년 전까지 조상이 누구인지 추적할 수 있는 족보가 있다."

내가 이렇게 말하니 브라이언이 빙긋이 웃으며 말했다.

"우리는 그냥 미국인이다."

브라이언의 짧은 한마디가 미국인의 정체성을 대변해주는 것 같았다. 미국문화를 이해하는 열쇠가 그 짧은 한마디에 담겨 있었다.

회사를 성장시키기 위한 전략은 크게 두 가지다. 기존 사업을 성장시키는 방법과 다른 기업을 인수합병하는 방법이다. 다국적 기업의 CEO는 회계 출신이나 영업 출신이 많은데 드물게 변호사 출신도 있다. CEO가 변호사 출신이라면 인수합병을 통해 성장한 회사일 가능성이 크다. 지속적인 인수합병 관리를 통해 성장한 회사가 대부분인데 리스크 관리가 승패의 관건이다. 회사를 사고팔 때 리스크 관리를 제대로 하지 않고 계약서를 작성하면 100년 된 회사도 하루아침에 사라질 수 있다. MBA 출신인 데이브와는 달리 브라이언은 변호사 출신이었다.

페스티벌 때도 느꼈지만 브라이언은 친절하고 부드러운 성격을 가졌다. 우리와 설립할 합작회사에 지대한 관심이 있다는 것을 쉽게 느낄 수 있었다. 그는 바쁜 일정 때문에 먼저 나가니 내일 골프장에서 보자고 하면서 회의실을 나섰다. 데이브는 나에게 다음날 브라이언과 함께 골프 라운딩을 하기로 되어 있으니 12시경 호텔에 데리러 오겠다고 말해주었다. 브라이언이 회의실을 나서자 얼마 안 되어 법무팀의 다른 변호사 두 명이 더 배석하였다. 나는 협상이 순조롭지 않을 때를 대비하여 여유를 두고 출장 스케줄을 짰다. 그런데 의외로 협상이 빨리 마무리되었다. 합작 규모가 크지 않아서인지, 아니면 어차피 2년 뒤 회사를 떠나야 했기 때문인지 모르겠다. 아무튼 데이브는 대부분 우리 측 요구를 수용했고 협상은 몇 시간 만에 끝났다.

다음날 데이브는 나를 태우기 위해 호텔로 왔다. 골프장에 도착해 클럽하우스에서 점심을 먹고 있는데 부사장 레이Ray도 잠시 후 도착했다. 그는 데이브와 이전 회사에서부터 오랫동안 함께 근무했다. 데이브는 칠면조 고기가 든 샌드위치를 시켰는데 나도 따라 시켰다. 닭고기와 별반 다르지 않았다. 레이는 굉장히 호탕하고 배려심도 깊었다. 그가 웃을 땐 주위를 의식하지 않고 큰소리로 껄껄거렸다. 데이브는 그의 웃음이 너무 좋다고 했다. 권력자의 심복이 되기 위해서는 능력 이전에 인간적인 교감이 중요한데 미국도 비슷한 모양이었다. 레이는 브라이언에게 편안한 분위기를 만들어주었고 나도 그가 편안했다. 네 사람이 라운딩을 할 때도 레이가 윤활유 역할을 해 주었다. 그는 아들이 하버드대학교에 합격했다는 소식을 막 전해 들어 시종일관 기분이 좋았다. 라운딩하면서 우리는 합작 이후에 관해 많은 얘기를 나누었다.

브라이언이 제일 궁금해한 것은 합작 이후의 성장성이었다. 시장이 성숙된 미국이나 유럽에서는 성장 속도가 더디다 보니 단기간에 성과를 내기 위해서는 아무래도 이머징 마켓, 즉 신흥시장에 눈을 돌릴 수밖에 없었다. 브라이언은 이사회를 비롯해서 전 직원들에게 현재 10퍼센트도 채 안 되는 이머징 마켓에서의 매출 비율을 3년 내 30퍼센트까지 끌어 올리겠다고 선언했다. 20억 달러가 넘는 'U'사의 매출에 비교해서 그때까지 우리 회사의 매출은 0.1퍼센트밖에 되지 않았다. 합작을 통해 매출을 10배 늘린다고 해도 겨우 1퍼센트였다. 우리 회사와의 합작 말고도 인도 회사 2개도 인수했다고 들었지만 과연 3년 내 30퍼센트 성장이 가능한지 의구심이 들었다. 내가 상관할 바가 아니니 묻는 말에 답만 하고 별다른 질문은 하지 않았지만.

서로 대화를 하면서 많은 교감이 있었기 때문일까. 나는 합작 이후에도 데이브와 개인적으로 계속 친밀한 관계를 유지할 수 있었다. 그와의 관계는 옵션 기간이 지나 그가 회사를 떠난 뒤에도 관계가 지속되었다. 미국에 출장 가면 시간을 내 그를 만났다. 그는 또 비슷한 제품을 생산하는 회사들을 사 모으고 있었다. 나중에는 레이도 뒤따라 회사를 그만두고 새 회사에 합류하여 이들 회사를 뉴욕증시에 상장하여 다시 매각하는 계획을 진두지휘했다.

김 변호사는 이틀 밤을 꼬박 새워 합의된 협상 결과를 반영하여 합작계약서를 수정하였다. 스마트하면서도 굉장히 예리한 직관력을 가지고 있었던 걸로 기억하는데 체력 또한 대단했다. 아무튼 김 변호사 덕분에 귀국하기 전에 미국 현지에서 계약서 서명까지 마칠 수 있었다. 미국으로 떠날 때는 기대하지 못했던 결실이다.

합작 계약서에 서명한 다음 날 나와 김 변호사는 'F'사가 있는 플로리다에 데이브와 함께 'U'사의 전용기로 날아갔다. 전용 비행기 공항은 회사에서 불과 10여 분밖에 떨어져 있지 않아 환승도 필요 없어 오전에 호텔을 나와서 점심시간 전에 회사에 들어갈 수 있었다. 민간 비행기로 가면 애틀랜타에서 환승해야 되고 공항에서 거리도 1시간이 넘어 종일 걸리는데 정말 편리했다.

데이브가 회사에 잠시 들러 보고를 받는 사이 나는 1년 전 페스티벌에서 만난 직원들과 인사를 나누기 위해 잠시 사무실에 들렀다. 내가 들어서자 모두 나에게 엄지척을 한다. 왜 그러느냐고 물어보니 오늘 오후에 블랙 다이아몬드 골프장에서 라운딩하는 내가 부러워서라고 했다. 미국에 하고많은 것이 골프장인데 부러울 게 뭐 있냐고 했더니 자기들은 그곳에서 라운딩 한번 하는 것이 소원이라면서 하여튼 가보면 안다고 대답했다.

데이브가 일을 마치고 나와 김 변호사는 호텔에 짐을 놓고 블랙 다이아몬드로 향했다. 도착하고 보니 입이 딱 벌어졌다. 디봇 자국이 하나도 없는 그야말로 무봉無縫의 초록 카펫을 깔아놓은 듯했다. 원래 채석장이었는데 20년 전에 골프장으로 만들었다고 한다. 그래서 그런지 파3 홀 중 티박스에서 그린까지 아찔한 낭떠러지가 있는 곳도 있었다. 회원이 되기 위해서는 골프장 안의 집을 사야 하고 회원들의 만장일치 동의도 받아야 한다고 했다. 그리고 무엇보다도 회원이 1년에 동반할 수 있는 비회원이 10명 이내로 제한된다고 했다. 왜 'F'사 직원들이 우리를 부러워했는지 이해가 갔다.

합작계약서에 사인하고 나서 긴장이 눈 녹듯이 풀어졌다. 게다가 다음날 데이브와 함께 블랙 다이아몬드에서 라운딩을 한다는 게 믿어지지 않았다. 김 변호사 역시 블랙 다이아몬드에 대한 감탄을 멈출 줄 몰랐다.

김 변호사의 자문을 거쳐 미국의 요구대로 합작은 내가 10년 전에 설립한 기존 회사에 미국이 지분인수를 통해 투자하는 방식이 아니고 나와 'U'사가 새롭게 합작법인을 설립하여 기존 회사의 사업을 양수 양도하는 방식으로 이루어졌다. 합작할 때 합작 대상인 현지의 회사가 공신력이 높거나 상장회사인 경우에는 지분을 인수하는 방식을 택한다. 기존 회사에 직접 투자하는 방식이다. 그렇지만 현지 회사가 중소기업이거나 공신력이 낮다고 판단되면 앞에서 말한 사업양수도 방식을 많이 택하는데 돌발부채hidden liability의 위험 때문이다.

미국 출장에서 돌아오자 모든 것이 빠르게 진행되었다. 내가 100퍼센트 지분을 가진 기존 회사는 당시 연 매출이 20억 원 정도밖에 되지 않았다. 먼저 기존 회사의 설비, 재고, 부채, 채권 등에 대한 실사를 'U'사에서 지정한 회계법인을 통해 진행한 뒤 평가금액을 기준으로 납입자본금 10억 원의 합작회사를 설립하였다. 기존 회사와 합작회사와의 사업양수도 계약도 체결하고 합작법인은 납입자본금으로 기존 회사로부터 부동산을 제외한 합작사업에 필요한 모든 자산을 인수했다. 계약이 이행되어 사업의 양수 양도가 완료되자 기존 사업은 단절되지 않고 신설 합작법인에서 운영되었다. 기존 회사는 양수도 계약에 포함되지 않은 공장건물을 합작회사에 임대하는 회사로 남게 되었다. 'U'사가 부동산은 양수도 계약서에 포함하는 것을 원하지 않았기 때문이다.

왜 이렇게 간단한 지분인수가 아닌 사업양수도의 복잡한 방법을 택하는 것일까? 그건 합작 이전에 발생한 문제로 생긴 돌발부채는 기존 회사가 책임지고 새롭게 설립된 합작회사는 그 이후에 발생한 문제만 책임지면 되도록 하기 위해서이다. 돌발부채는 회계장부상에서 누락된 잠재적 부채를 말하는데 기존 회사에 직접 투자하는 방식은 새로운 합작파트너도 공동책임을 지게 되어 있다.

예를 들어 합작 이전에 생산된 제품이 합작 당시에는 인지하지 못했지만 합작 이후에 심각한 하자가 발생했다고 치자. 이를 해결하기 위해 큰 비용을 지출해야 한다면 새 투자자도 함께 책임을 져야 한다. 이를 인지하는 순간 잠재적으로 하자처리가 필요한 모든 제품에 이 비용에 대한 충당금을 설정해야 한다. 다시 말해 합작 당시 인지하지 못한 손실이 그만큼 생기는 것이 된다. 만일 이를 인지하고도 충당금을 설정하지 않으면 분식회계가 된다. 사업양수도 방식은 이를 회피하기 위해 흔히 택하는 합작 방식이다.

인수금액에는 당연히 장부상의 자산 가격 외 영업권이 포함된다. 당연히 나는 최대한의 금액을 제시했고 그에 대한 입증자료를 변호사의 도움을 받아 치밀하게 준비해서 미국에서 협상할 때 제시했다. 만족할 만한 결과를 얻었다. 장부상의 자산가격이 실물과 차이가 없는지 실사를 한 뒤 영업권 4억을 더해 인수가격을 합의하였다. 나와 'U'사는 먼저 납입자본금 7억과 3억을 각각 투자하여 지분율 70:30의 합작회사를 설립하였다. 그런 다음 설립 당일 즉시 나의 20퍼센트 지분을 주식 취득가격 2억 원에 영업권 4억 원을 얹어 6억 원에 양도하였다. 이렇게 함으로써 주식 지분율은 합작 설립 당일 바로 50:50으로 되었다.

결론적으로 내가 1억 원, 'U'사가 9억 원을 출자하여 지분은 각각 50퍼센트씩 가지게 되었다. 내가 기억하기로는 당시 주식양도세는 취득가격과 양도가격의 차이의 10퍼센트였는데 내가 낸 세금은 4,000만 원이 전부였다. 만일 그렇지 않고 쌍방 7억 원씩 투자하여 지분율 50:50인 합작회사를 먼저 설립하고 기존 회사의 자산을 영업권과 함께 14억 원에 인수했다면 몇 배의 세금이 들었을 것이다. 변호사와 함께 미국 출장을 가서 큰 비용을 지출했지만 그 이상의 협상 결과를 얻어냈다. 김 변호사는 약속을 지켰고 합작 전략도 성공한 셈이다.

# 5

# 비즈니스에는
# 정글의 법칙이 난무한다

데이브는 'P'사를 인수한 뒤 다른 경쟁사를 사 모을 때 'P'사의 임원들을 활용했다. 그들은 나중에 'F'사가 설립되자 모두 지주회사 임원으로 승진했다. 소위 개국공신인 셈이다. 한국을 방문하여 우리와의 합작을 성사시킨 제임스도 그중 한 명이었다. 그는 제품을 생산하고 판매해서 얻는 이익보다 회사를 인수하고 매각해서 얻는 이익이 훨씬 많다는 것을 누구보다 잘 알고 있었다. 물론 아무나 할 수 있는 일은 아니었다. 헤지펀드들이 믿고 투자해주어야 가능한 일이었다.

데이브의 다음 계획은 이 회사를 높은 가격에 매각하는 것이었다. 자금을 공급한 헤지펀드에서 이익과 함께 투자금을 고객에게 되돌려줘야 할 때가 된 것이다. 그는 월스트리트의 인맥과 네트워크를 풀

가동하여 회사를 인수할 인수자를 찾기 시작했다. 자신, 은행, 그리고 자금을 대준 헤지펀드 모두에게 높은 수익을 되돌려주기 위해서는 당연히 높은 가격을 줄 수 있는 인수자를 만나야 했다. 그러던 중 'U'사가 이머징 마켓에 사업기반이 있는 회사를 찾는다는 정보를 입수했다. 데이브가 이런 기회를 놓칠 리가 없었다. 그는 'U'사에 대한 모든 정보를 수집하도록 지시했다.

데이브가 입수한 정보에 따르면 'U'사는 현금 유보금이 많아 기업 사냥꾼들에게 좋은 먹잇감이었다. 현금이 많은 회사는 적대적 인수합병의 타깃이 되기 쉽다. 이유는 정글의 법칙을 떠올리면 쉽게 이해된다. 하이에나는 직접 사냥하지 않는다. 다른 맹수가 사냥에 성공해 긴장을 풀고 느긋하게 식사를 즐기려고 할 때 벼락처럼 덤벼 뺏는다. 적대적 인수합병도 이와 마찬가지다. 모든 직원이 열심히 일해서 많은 이익을 낸 현금을 그대로 들고 있으면 어느새 하이에나가 나타나 덮친다.

좀 더 쉽게 이해하기 위해 예를 하나 들어보겠다. 시가 총액이 5억 달러인 회사가 있다 치자. 그런데 그 회사가 2억 달러의 현금을 가지고 있다면 3억 달러만 가지고도 살 수 있다. 자기 돈 3억과 2억 달러는 빌려서 인수한 뒤 인수한 회사가 가지고 있는 현금으로 바로 되갚으면 되기 때문이다. 그러고 나서 그 회사를 3억 달러보다 훨씬 높은 가격에 내놓는 것이다.

IMF 외환위기 이후 외국자본의 국내 투자 규제가 일시에 풀렸다. 그 때문에 많은 우리나라 기업은 물밀듯이 들어온 외국자본의 적대적

인수합병의 먹잇감이 되었다. 고도성장기에 우리나라 기업들은 사업 확장을 위해 부동산을 경쟁적으로 사들였다. 이때까지 장부상의 자산 가격은 대부분 저평가되어 있었다. IMF 외환위기가 닥치고 주식시장 은 폭락하자 외국자본은 우리나라 기업들의 주식을 사들여 우호 세력 을 결집한 뒤 주주총회에서 오너의 경영권을 위협했다.

그들은 외형적으로는 경영진을 압박하여 재무구조 개선을 요구 하였지만 저평가된 자산의 매각이나 재평가를 통해 별다른 노력 없 이 재무구조를 개선하고 주가가 올라갈 것을 노린 것이다. 회사의 주 가가 오른다는데 오너 말고는 반대할 주주가 없으니 우호 세력을 결 집하기도 쉽다. 그들은 우리나라가 외환위기 충격에서 벗어나 어느 정도 안정을 되찾자 수조 원대의 이익을 챙기고 유유히 떠나갔다. 론 스타, 소버린, 타이거펀드 등 외환위기를 겪은 세대에게는 익숙한 헤 지펀드 회사의 이름이다. 고수익을 돌려받는 고객은 이들을 행동주 의 펀드라고 부르지만 먹잇감이 된 오너의 입장에서는 약탈자들이 다. 그들의 무대는 미국이나 유럽을 넘어 기업의 실질 가치와 시장가 치에 큰 괴리가 생기면 어떤 나라든 어떤 기업이든 바이러스처럼 침 투한다. IMF 외환위기로 막 자본시장이 개방된 당시의 한국은 먹잇 감이 널려 있는 정글이었다.

앞에 설명한 대로 현금이 많으면 적대적 인수합병의 타깃이 된다. 그래서 현금 유보금이 많은 'U'사의 CEO는 적대적 인수합병에 대 한 우려가 컸다. 헤지펀드에 회사가 넘어가면 주주들은 손해 볼 일 이 없지만 CEO를 포함한 최고경영진은 물러나야 한다. 그러다 보니 현금이 많은 회사는 인수합병에 나선다. 회사의 성장을 위해서인 것처럼 보이지만 꼭 그런 건 아니다. 그것보다 더 큰 이유는 CEO를 포함한 경영진의 자리보전을 위한 개인적인 목적이 더 크다. 이 또한 다국적 기업에서는 주인이 없기 때문에 일어나는 일이다. 주인이 있는 회사라면 현금이 많다고 걱정할 일이 없다.

'U'사가 우려하는 또 하나의 문제는 이머징 마켓의 매출 비중이 아주 낮은 것이다. 설립된 지 100년이 되었고 매출은 20억 달러가 넘는 회사였지만 90퍼센트 이상이 북미와 유럽에 편중되어 있었다. 높은 이익에도 불구하고 주가는 영 시원치 않았다. 이머징 마켓은 그 당시 미국에서 최고의 화두였다. 중국이 개방된 지 얼마 되지 않은 시점이어서 이머징 마켓이라고 하면 중국을 떠올릴 정도로 기회의 나라로 인식되었다. 주식시장에서도 이머징 마켓에 사업 기반이 있는 기업에는 프리미엄이 붙었다. 현재 우리나라에서도 아직도 엄청난 적자를 내는 쿠팡의 기업가치가 수십조에 달하는 것처럼 일종의 미래가치에 대한 프리미엄인 셈이다.

모든 회사가 이머징 마켓 프리미엄에 올인하는데 'U'사만 소외되면 이사회에서 CEO는 불신임을 받기 쉽다. 수백, 수천만 달러의 연봉을 받지만 다국적 기업의 CEO는 잠시도 긴장을 놓을 수 없다. 실적이 좋지 않아 현금이 늘지 않으면 보너스도 없고 이사회로부터 불신임을 걱정해야 한다. 반대로 실적이 좋아 현금이 늘어나면 헤지펀드로부터 적대적 인수합병을 걱정해야 한다. 밀림의 왕인 사자는 생존을 위해 허기를 채우려 죽기 살기로 사냥을 한다. 사냥에 성공한 뒤에는 먹잇감을 뺏으려는 하이에나의 공격을 걱정해야 하는 것이다. 그래서 'U'사의 CEO인 브라이언은 두 가지 문제를 해결하기 위해 급히 인수할 회사를 물색해야만 했다.

데이브는 'U'사를 타깃으로 포착하고 치밀한 전략을 수립하고 실행한다. 부사장인 제임스를 중국으로 급파해 같은 제품을 생산하는 회사를 가격 불문하고 인수하라고 지시했다. 필요한 자금은 수억 달러에 달하는 회사 매각 대금의 1~2퍼센트도 안 되는 금액이다. 그런데 제임스는 중국에서 인수할 만한 회사를 찾지 못했다. 당시에는 미국이나 유럽에 있는 'F'사의 계열사가 생산하는 기계제품을 생산하는 중국 기업은 많지 않았다. 그런 기술력을 가진 회사도 없었고 부품 공급망 등 인프라도 제대로 갖추어지지 않았다.

중국 기업의 인수가 불가능하게 되자 대안으로 우리 회사와 합작하게 된 것이다. 꿩 대신 닭인 셈이다. 그런데 이 사건은 나중에 우리 회사뿐만 아니라 데이브가 매각한 회사의 미래에 큰 변곡점이 된다. 데이브가 급조한 'F'사는 'U'사에 매각되고 그 후 우리와의 합작 후 'U'사는 다른 회사로 매각되어 주인이 또 바뀌었다. 우리와의 합작 후 20년이 지나 'F'사의 미국과 유럽의 공장은 대부분 폐쇄되고 한국에 있는 우리 회사가 유틸리티 설비 생산의 글로벌 허브가 된 것이다. 호랑이 굴에 들어가 드디어 호랑이를 잡은 것이다.

이것은 합작 당시 데이브가 의도하거나 예상한 결과는 아니다. 데이브에게 우리와의 합작은 회사 매각을 위한 일종의 일회용 장식품 그 이상도 그 이하도 아니었기 때문이다. 결국 데이브는 F사를 'U'

사에 2억 달러에 매각한다. 내가 알기로는 경쟁사를 사 모아 'F'사를 설립하는 데 들인 비용은 총 1억 달러가 조금 넘는 정도였으니 엄청난 매각이익을 남긴 셈이다. 자신이 가진 40퍼센트의 'P'사 지분도 지주회사 'F'사의 주식으로 교환되면서 10퍼센트로 줄었지만 2,000만 달러 정도에 매각했다. 1달러에 산 주식을. 그 외에도 헤지펀드로부터 두둑한 성과급을 받았음은 물론이다.

데이브는 주식을 매각한 후 2년간의 옵션 기간이 지나자 회사를 떠났다. 그 무렵 CEO인 브라이언의 오른팔인 최고운영책임자COO인 얀Jan도 심장병 악화로 회사를 그만두었다. 그는 CEO를 보좌하여 기업 내의 사업과 일상 업무를 총괄했다. 또한 일상 업무를 원활하게 추진하기 위한 의사결정을 책임졌다. 얀은 전 세계 수십 개 공장의 운영, 확장, 이전 등에 관한 중요한 정책 결정을 도맡고 있었다. 인수할 회사가 그만한 가치가 있는지 회계적으로 평가하는 것은 재무팀의 책임자, 즉 CFO가 하지만 실무적인 평가는 COO가 한다.

얀은 현장을 둘러보고 회사가 이익을 내는지 적자를 내는지 단번에 알아내는, 소위 돈 냄새를 잘 맡는 엔지니어 출신의 COO다. 얀은 인수하면 좋은 회사와 인수하면 안 되는 회사를 기가 막히게 걸러냈다. CEO가 내리는 결정에 그만큼 리스크를 줄여주었다. 그뿐만 아니라 회사의 실무 전반을 속속들이 파악하고 있었다. 그런 그가 사직하자 회사는 혼란에 빠지게 되었다. 변호사 출신인 브라이언은 전 계열사의 일상 업무 전반을 COO인 얀에게 의존하고 있었기 때문이다.

당시 미국에서는 인수합병이 활발한 시기였고 법무팀의 변호사 출신 CEO들이 많았다. 성공적인 인수합병을 위해서는 법무팀의 역할이 절대적이다. 인수합병 계약서 문구 하나 때문에 대박이 아니라 쪽박을 찰 수도 있기 때문이다. CEO는 대부분 영업이나 회계부서 출신인데 실무자 때부터 생산부서와 오랫동안 소통해왔던 경험이 있고 생산 관련 업무에도 익숙하다. 그런데 그렇지 못한 법무팀 출신의 CEO에게는 COO의 역할이 절대적이다. 배경이 전혀 다른 수십 개 회사의 인수합병으로 이루어진 회사의 COO는 외부에서 영입하기도 힘들다. 숫자를 다루는 CFO와 달리 현장을 속속들이 알아야 하는 COO는 하루아침에 만들어지지 않기 때문이다. 더구나 'U'사는 전혀 다른 제품을 생산하는 공장이 수십 개였다. 'U'사는 인수합병을 통해 성장했다. 얀이 그 모든 것을 진두지휘해 왔기에 그의 공백을 대체하기가 쉽지 않았다. 단기간에 덩치를 키워왔기 때문에 밑에서부터 커온 사람도 없었다.

COO가 빠진 'U'사의 실적은 점차 악화되다가 결국 몇 년 뒤에 다른 회사에 인수합병되어 간판을 내리고 말았다. 그리고 브라이언도 떠났다. 이번에는 적대적 인수합병이 아니고 실적 악화를 우려한 주주들이 주주총회에서 실적이 좋은 회사로의 자발적 인수합병을 의결하고 주식을 맞교환했기 때문이다. 다시 말하면 가지고 있는 'U'사의 주가가 갈수록 점점 떨어지니 실적이 좋은 회사에 자발적으로 주식을 반납하여 소각하고 대신 그 회사의 주식으로 되돌려 받는 결정을 주주총회에서 한 것이다.

나는 지금도 설립된 지 100년이 넘은 회사인 'U'사가 역사의 뒤안길로 사라진 것은 브라이언이 데이브의 회사를 인수한 영향이 크다고 생각한다. COO의 사직을 직접적 원인으로 말하는 사람도 있을 것이다. 하지만 브라이언이 인수한 데이브의 회사는 그만한 가격을 지불할 만큼 이익을 내는 곳은 아니었다. 결론적으로 회사를 매각한 'F'사의 데이브의 입장에서는 그의 탁월한 쇼맨십 덕분에 대박 난 인수합병이었지만 회사를 인수한 'U'사의 브라이언의 입장에서는 실패한 인수합병이었다. 이 모든 결과가 정말 우리 회사와의 합작에서 비롯된 것일까?

아무튼 합작 제의를 받은 이후 상대측의 잦은 인수합병으로 합작 파트너가 여러 번 바뀌었다. 최종적으로 'A'사가 국내 합작법인의 미국지분을 인수했다. 그럼으로써 나는 인생에 있어 가장 존경하는 멘토 톰을 만나게 된다.

# 2장

# 다국적 기업의 조직문화를 이해하라

# 1

# 와인 문화를 알면
# 비즈니스 문화를 안다

서구의 비즈니스 문화를 얘기할 때 와인을 빼놓을 수 없다. 글로벌 비즈니스의 중요한 미팅에는 저녁 식사에 초대받는 경우가 많다. 그때 와인이 빠질 수 없다. 와인은 품종, 생산지역, 생산자에 따라 종류가 엄청나게 많다 보니 주문할 때부터 와인에 대한 많은 얘기가 오간다. 가격도 몇천 원짜리부터 수천만 원까지 다양하다. 보통은 호스트가 초대받은 손님이 좋아하는 와인을 선택하도록 배려한다. 손님도 가급적 호스트가 좋아하는 와인 중에 선택하는 것이 예의다.

만일 와인에 대한 기본적인 지식이 없어 호스트가 알아서 주문하라고 하면 처음부터 분위기가 건조해질 수밖에 없다. 간혹 와인 리스트를 보고 가격이 적당한 와인을 대충 시켰다가 분위기가 더 어색해질 수도 있다. 와인에 대해 잘 안다고 생각하고 상대방이 물어볼 수도 있기 때문이다. 아무튼 와인에 대해 잘 모르면 식사 전에 서로 긴장을 푸는 좋은 기회를 놓치게 되는 것이다.

그들의 비즈니스 문화는 와인 문화와 많이 닮아 있다. 비즈니스를 하면서 만나다 보면 같은 서구 문화라 해도 유럽과 미국이 '전통'과 '실용'으로 확연히 구분된다. 와인은 구대륙 와인과 신대륙 와인으로 나뉜다. 유럽에서 생산되는 와인을 구대륙 와인이라고 하고 유럽이 아닌 곳에서 생산되는 와인을 모두 신대륙 와인이라고 부른다. 북미, 남미, 호주, 뉴질랜드, 남아프리카공화국 등에서 생산되는 와인은 모두 신대륙 와인인 셈이다. 와인을 구분할 때 그 기준을 유럽으로 삼고 있다는 자체만 봐도 유럽인들이 와인에 대해 얼마나 큰 자부심을 느끼는지 알 수 있다. 그리스 문명 이전부터 와인을 마셨다는 문헌 기록이 남아 있는 걸 보면 와인에 대한 긍지는 당연한 일인지도 모른다. 미국 와인도 그저 신대륙 와인 중 하나로 치부한다. 유럽 사람들의 미국 사람들에 대한 시선을 엿볼 수 있다.

신대륙 와인은 주로 단일 품종으로 만드는데 그중 우리나라에 제일 많이 알려져 있고 마니아층이 두터운 것이 미국 캘리포니아의 나파밸리 와인이다. 맛이 대단히 정직하며 생산자나 빈티지에 따른 편차가 적다. 라벨을 보면 모든 것이 명확하다. 어느 와이너리에서 생산했는지, 언제 빈티지인지, 어떤 품종인지, 어느 지역에서 재배했는지(같은 와이너리 이름에도 재배 지역이 다른 곳이 있음) 모든 것이 표시되어 있다. 그래서 라벨만 보면 대체로 맛을 짐작할 수 있고 가격도 적당하여 실용적이다.

이에 반해 유럽 와인은 어렵다. 프랑스 보르도는 같은 지역 내에서도 위치에 따라 토양이 다르다. 오랜 역사와 함께 많은 시행착오를 거쳐 각자의 토양에 어떤 품종이 가장 적합한지 찾아내 재배한다. 지롱드강 왼쪽에 있는 메독에서는 자갈 토양이라 카베르네 소비뇽을 주 품종으로 재배하고 강의 오른쪽 뽀므롤과 생떼밀리옹 지역은 진흙 토양에서 섬세함이 돋보이는 메를로를 기본 품종으로 재배한다. 라벨에는 빈티지 외 보통 지역명과 와이너리 이름만 표시되어 있고 어떤 품종으로 만들었는지조차 전혀 표시가 없다. 기본적인 지식이 없이 라벨만 봐서는 도무지 어떤 맛인지 짐작할 수 없다. 따라서 취향에 맞는 프랑스 와인을 즐기려면 그 지역에서는 어떤 품종을 주로 재배하고 어떤 품종들과 섞어 블랜딩하는지 기본적인 지식이 있어야 한다. 보르도 와인은 와이너리별로 자신들만의 기법으로 블랜딩을 한다. 이것 또한 보르도만의 전통이다. 기후조건이 워낙 까다롭다 보니 카버네프랑 등 다양한 품종과 섞어 블랜딩하여 와인을 만든다. 매년 그 가문만의 고유의 특질을 잘 유지하며 빈티지별 맛의 편차를 줄이기 위해 최선을 다한다. 유럽 사람들의 신대륙 와인에 대한 생각은 '이 모든 것이 수백 년에 걸친 열정과 노력의 산물인데 100년도 채 안 되는 신대륙 와인이 뭘 아느냐.'라는 것이다.

부르고뉴 와인도 쉽지 않다. 규모가 워낙 작다 보니 와이너리에 따라 등급을 매긴 보르도 와인과 달리 와이너리에 관계없이 아주 세밀하게 분류된 지역에 따라 등급을 매긴다. 대부분 오래전에 기업들이

사들여 와이너리 하나로 유지되어 온 보르도와 달리 부르고뉴는 와이너리 하나가 자식들에게 상속되면서 여러 개의 조그만 와이너리로 쪼개졌기 때문이다. 레드 와인은 대부분 피노누아 단일 품종으로만 만든다. 워낙 생산하기에 까다로운 품종인데다 각 생산자의 생산 방식과 포도밭에서의 재배방식에 따라 똑같은 지역이라도 완연히 다른 결과물을 보여주는 와인이다. 와인에 대한 정확한 정보를 알고 있는 것이 중요하다.

이탈리아 와인도 마찬가지다. 대표적인 이탈리아 와인의 생산지인 토스카나 지방에서 산지오베제와 피에몬테 지역에서는 네비올로를 주로 재배하는데 오랫동안 그 지역의 토양과 기후에 잘 적응한 품종이다. 그런데 이에 대한 설명은 라벨 어디에도 없다. '키안티'나 '몬테풀치아노'라고 적혀 있으면 토스카나 지역에서 산지오베제로 만들었고 '바를로'라고 적혀 있으면 피에몬테 지역에서 네비올로 품종으로 만들었으리라 짐작만 할 뿐이다. 토스카나 와인 중 이러한 상식을 파괴한 것도 있는데 '슈퍼 토스카나' 와인이라고 부른다. 전통적인 방식을 포기하고 보르도의 와인 제조 방식을 따라 처음에는 이단자로 취급받다가 점차 전 세계 와인 애호가들로부터 사랑을 받게 되었다. 이탈리아 와인이지만 역사가 짧으니 구대륙에서 생산하는 신대륙 와인인 셈이다.

결론적으로 구대륙 와인은 지역별로 재배하는 품종이 대부분 정해져 있고 라벨만 봐서는 맛을 짐작하기 힘들다. 그래서 구대륙 와인은 처음에는 불친절하다는 느낌을 받는다. 그런데 일단 친숙해지면 굉장히 좋아하게 된다. 와인과 마찬가지로 유럽 사람들은 처음에는 가까워지기 힘들지만 일단 친해지면 굉장히 가까워지게 된다. 개인적인 고민을 털어놓는다든지 개인적으로 어려운 부탁을 할 수 있을 정도의 친구 관계로 발전하기도 한다.

미국의 문화는 나파밸리 와인과 닮았다. 와인 맛이 정직하고 라벨을 보면 예측이 가능하다. 그래서 쉽게 빨리 익숙해진다. 그런데 최고급 코스 요리에 곁들이기에는 무언가 부족하다. 20년, 30년 세월의 묵은 맛을 담은 와인이 없기 때문이다. 미국 사람들은 처음 만나는 사람에게도 굉장히 친절하다. 하지만 깊게 사귀는 데 한계가 있다. 꽤 가까운 사이라고 여겨서 허물없이 대하면 어느새 냉랭한 태도를 보일 때도 있다. 물론 개인적인 차이가 있다. 일반적으로 유럽 사람과 비교해서 그렇다는 얘기다.

불과 200년이 조금 넘은 짧은 역사의 미국 사회는 다른 나라에서 이민 온 다양한 인종들로 구성되어 있다. 이러한 복잡한 환경에서는 공정하고 강력한 법 집행이 필요하다. 불필요한 시비에 휘말리지 않기 위해서는 의심받는 일은 일절 하지 않는 것이 필요하다. 그러다 보니 뭐든 명확히 하는 문화가 생겼지 않았나 싶다. 미국의 다국적 기업에서는 모든 프로세스가 명확하다. 프로세스를 벗어나면 누구든 책임에서 벗어날 수 없다. 이에 반해 유럽의 다국적 기업은 매뉴얼과 프로세스는 있지만 융통성이 많고 맥락성이 높다. 동일한 사안에 대해서도 인맥과 배경이나 환경에 따라 해석이 달라지고 다른 결론이 날 수 있다는 얘기다.

수백 년 동안 지켜왔던 유럽 와인 중에서도 프랑스 와인에 대한 자부심에 타격을 받는 사건이 1976년 발생했다. 미국의 독립 200주년을 맞이한 해이기도 했는데 블라인드 테이스팅에서 미국 와인이 프랑스 와인을 제압하는 사건이 일어났다. 한 영국인 와인 바이어에 의해 기획된 행사였다. 화이트 와인 대결에서는 '샤또 몬텔레나 샤도네이 1973'이 1등을 차지하고 상위 5개 중 3개를 미국의 캘리포니아 와인이 차지했다. 채점표를 돌려달라는 위원이 있을 정도로 프랑스 심사위원들은 당황했다. 이어진 레드와인 대결에서도 캘리포니아의 '스태그스 립 와인 셀라 카버네 쇼비뇽 1973'이 1등을 차지했다. 프랑스를 포함한 유럽에서의 그 충격과 파장은 말할 필요가 없었을 것이다. 이 사건이 바로 미국 와인의 위상을 세계적으로 알렸던 '파리의 심판'이다. 유럽에서 넘어온 품종을 현지의 기후와 토양에 맞게 개량해서 프랑스 와인을 뛰어넘은 사건이었다. 파리의 심판에서 신대륙 와인인 미국 와인이 프랑스 와인을 이겼듯이 제2차 세계대전 이후 글로벌 비즈니스의 규칙과 질서는 유럽 문화에 뿌리를 두고 있지만 미국이 주도하고 있다.

　서구의 역사는 헬레니즘과 헤브라이즘의 끊임없는 투쟁의 역사이다. '신이 먼저냐, 인간이 먼저냐?'라는 공존할 수 없는 두 믿음이 끊임없이 대립하고 타협하는 과정에서 현재의 서구 문화가 만들어졌다. 공동체 중심의 농경사회의 규범을 배경으로 하는 우리의 문화와 크게 다를 수밖에 없다. 좋든 싫든 서구의 기업문화가 표준이 된 글로벌 비즈니스 환경에 잘 적응하고 좋은 성과를 거두기 위해서는 그들의 소통방식에 익숙해야 한다. 그러려면 이들 문화의 형성 과정을 이해하면 많은 도움이 된다. 유럽 문화와 미국 문화의 뿌리는 같지만 서로 다른 토양에서 나누어진 와인처럼 '전통'과 '실용'이라는 두 문화의 차이를 이해하는 것이 필요하다.

# 2

# 다국적 기업에는 주인이 없고 개인이 있다

10여 년 전 한 국내 조선소가 세계에서 제일 큰 FPSO*를 수주한 적이 있다. 수주 금액이 10조 원에 달했는데 건조가 끝나고 해상시운전을 앞두고 돌발 상황이 발생했다. 우리 회사가 독일 계열사로부터 수입해서 공급한 원유 채굴설비 중 하나인 특수 펌프가 망가져 버렸다. 조선소 자체적으로 시운전하다 이물질의 유입으로 10대가 넘는 펌프의 헤드가 고장나버린 것이다.

조선소로부터 독일에서 엔지니어를 데려와 현장에서 수리해달라는 요청을 받았다. 그런데 독일에서는 현장에서 수리가 가능한지 판단할 수 없으니 대체품을 새로 제작할 때까지 기다리든지, 망가진 헤

---

\* FPSO: 부유식 원유생산저장 하역설비

드를 보내면 수리가 가능한 것만 조치해서 먼저 보내고 나머지는 새 제품으로 보내주겠다고 했다.

해상시운전이 하루만 늦어져도 엄청난 위약금을 물게 될 상황이었다. 두 회사는 이에 대한 공방으로 몇 주를 소모해버렸다. 통상적인 국내 회사와의 갑을 관계에서는 조선소의 요구대로 따른다. 그런데 독일 회사에는 통하지 않았다. 결국 망가진 펌프헤드를 독일로 보냈다. 문제는 수리비였다. 수리비는 조선소에서 생각한 것보다 훨씬 많은 25억 원이 넘게 청구되었다. 구매부 임원으로부터 수리비 협상에 협조해달라는 요청을 받았다. 고장의 책임이 조선소에 있다고 확실하게 밝혀진 것도 아닌데 이럴 수 있냐는 것이다. 협조 요청인지 협박인지 앞으로 자기들과 거래를 안 할 거냐고 하면서 수리비를 반 이하로 깎으라고 요구하였다.

나는 먼저 이런 사고가 생긴 데 대해 대단히 안타깝게 생각한다고 하고 할 수 있는 데까지 최대한 협조하겠다고 했다. 그리고 내가 제시한 대안은 두 가지였다. 첫째 펌프 고장의 원인이 독일 회사에 있다고 판단되면 입증 자료를 최대한 수집해달라고 했다. 그러면 설사 독일에서 거부하더라도 미국 본사를 설득해서 무상으로 처리해주고 일부라도 책임이 있으면 수리비를 분담해주겠다고 제안했다. 반면에 입증이 불가능하다고 판단되면 실수를 솔직히 인정하고 협조를 구하라고 했다. 대신에 갑과 을이 아닌 대등한 관계에서 요청하라는 말을 덧붙였다.

나는 제품 하자를 입증할 자료도 없이 독일 회사의 책임이라고 주장하거나 앞으로 우리와 거래하지 않을 거냐고 윽박지른다면 도와줄 방법이 없다고 했다. 그다음 주에 예정된 독일 회사와의 미팅 때 입증할 자료를 제시하기 힘들면 차라리 향후 수주가 예상되는 프로젝트 리스트를 뽑아서 보여주고 추가로 발주할 물량이 얼마나 있는지 구체적으로 보여주고 협조를 구하라고 조언했다.

서구의 비즈니스 문화는 기브 앤 테이크 방식의 거래에 익숙하다. 지금 얼마 깎아주면 나중에 얼마나 보상받을 수 있는지 구체적으로 제시하는 것이 필요하다. 나는 국내 업체를 대하듯이 갑의 우월적 위치를 이용하여 앞으로 우리와 거래하지 않을 거냐는 식의 윽박과 협박은 소용없다는 것을 경험을 통해 잘 알고 있었다. 다국적 기업과의 거래에서는 상대방이 앞으로 거래를 계속하느냐, 하지 않느냐에는 관심이 별로 없다. 당장 내 실적과 개인의 이익에 도움이 되는지가 더 중요하다. 내가 이 회사에 계속 있을지 없을지도 모르는데 왜 미래의 비즈니스를 걱정해야 하는가? 이러한 문화의 배경에는 다국적 기업에는 주인이 없다는 것이 깔려 있다. 실제 내가 근무한 'A'사의 사장 스태프 중 반은 2~3년 만에 바뀌었다.

나는 조선소 임원에게 협조하겠으니 제안한 대로 꼭 그렇게 해달라고 당부했다. 그 임원은 불만스러운 얘기를 한참 더 했고 여전히 분이 풀리지 않은 흥분 상태로 통화를 마무리했다. 내가 그렇게 제안한 것은 진심으로 조선소의 손실을 최소화하도록 도와주기 위한 것이었다. 조선소의 요구에 따라 본사의 대응이 어떻게 달라질지 쉽게 그림이 그려졌기 때문이다. 만일 조선소에서 이 사고가 제품 하자 때문에 발생했다고 주장한다면 본사의 사장은 즉시 관련 스태프들, 즉 법무팀, 영업팀, 기술팀, 서비스팀 VP(부사장)들을 소집하여 태스크 포스 팀TFT을 구성하여 있을 수 있는 법적 다툼에 즉각 대비할 것이다. 그렇게 되면 내가 아니라 사장이나 CEO도 도와줄 수가 없다.

얼마 후 독일에서 사람이 오고 수리비 협상이 시작되었는데 조선소 임원은 처음에는 많이 자제하는 듯하였다. 그러나 그 시간은 그리 오래 가지 못했다. 얼마 지나지 않아 우려한 바가 터지고 말았다. 그는 왜 사고의 책임이 100퍼센트 조선소에 있다고 생각하느냐며 수리비를 반으로 깎으라고 했다. 당연히 협상은 결렬되었다. 수리비를 반으로 깎기 위해서는 독일 회사의 책임이 반이라는 입증자료가 필요했다. 물론 조선소 측에서는 입증할 만한 자료를 제시하지 않았다

그날 저녁 본사와 전화 회의가 열렸다. 아니나 다를까 본사에서는 사장인 톰의 지시로 사장 외 영업팀, 법무팀, 기술팀, 서비스 담당 임원도 참석하였다. 조선소와의 미팅에 참석한 독일 엔지니어의 보고를 받은 서비스 담당 임원은 그날 조선소와의 미팅 결과를 보고하였다. 톰이 마진이 얼마냐고 물었는데 예상외로 높았다. 수리비나 수리 부품의 마진이 높은 것은 특정고객에 국한된 것이 아니다. 보통 경쟁이 치열한 설비 완제품의 마진이 적다 보니 수리비나 부품비에서 보전하는 것이 거의 대부분 다국적 기업이 전 세계 시장에 적용하는 공통된 정책이다.

서비스 담당 임원은 독일 공장의 잘못은 하나도 없으니 한 푼도 깎아줄 이유가 없다고 하면서 보고를 마무리했다. 나는 그 조선소가 수

주할 프로젝트들을 알려주면서 내가 다시 한번 설득할 테니 향후 비즈니스를 위해 성의를 보여주자고 했다. 그래도 합의가 안 되면 그때가서 법무팀을 개입시켜도 좋다고 했다. 나는 30퍼센트 정도 깎아주자고 했으나 기술팀 임원조차 10퍼센트 이상 깎아줄 이유가 없다고 했다.

영업 담당 임원은 서비스 담당 임원과 달리 향후 비즈니스에 대한 나의 주장에 공감하였다. 그렇지만 조선소에서 제품 하자를 협상의 지렛대로 사용하는 바람에 수리비를 깎아주는 것에 대해 굉장히 방어적인 태도를 보였다. 많이 깎아주면 나중에 소송으로 갔을 때 제품 하자를 시인한 것으로 의심받을 수 있으니 오히려 불리할 수도 있다고 했다. 나는 지금 이 조선소와는 펌프 외 다른 제품도 거래를 추진하는 중이라고 톰을 설득하여 겨우 15퍼센트 인하를 받아냈다. 단, 조건은 향후 내가 보여준 리스트에 있는 프로젝트가 수주되면 조선소에서 A사에 우선권을 주겠다는 합의서를 받아내는 것으로 하였다.

그날 미팅 분위기가 우호적이었다면 나는 총수리비의 30퍼센트 인하를 관철시킬 계획이었다. 톰은 한국 시장의 잠재력을 충분히 인지하고 있었고 나와는 개인적으로도 관계가 좋아서 승인받는 데 별 문제가 없었다. 그런데 그날 미팅에 참석한 독일 엔지니어의 보스인 서비스팀 임원은 자기 실적을 희생해가면서 깎아줄 리가 만무했다. 더구나 제품 하자를 의심하는 바람에 마음도 상해 있었다.

30퍼센트 인하를 관철시키지 못한 것은 캐스팅보트인 영업 담당 임원의 의견이 결정적이었다. 너무 많이 깎아주면 제품 하자를 시인하게 된다는 말이 모두에게 설득력이 있었다. 조선소 임원이 입증자료도 없이 제품 하자를 탓하는 순간 수리비를 깎을 기회를 스스로 걷어찼다. 수주한 프로젝트를 언급하며 협조를 구했으면 상황은 달랐을 것이다. 모두가 이 다툼에 대한 책임에서 자유로우니까. 그러나 그런 미팅 분위기에서는 내가 아무리 본사에 영향력이 있더라도, 톰과 개인적으로 관계가 좋아도 도와줄 방법이 없었다.

다국적 기업에서 대개 회의 참석자는 어떤 생각도 말할 수 있다. 사장이 주관하든 CEO가 주관하든 이미 제시된 큰 레벨의 정책 방향에 벗어나지만 않으면 의사 개진이 자유롭다. 회의를 주관하는 사람의 역할도 다양한 아이디어를 더 많이 제안할 수 있도록 사기를 고무하고 제안된 아이디어가 각자의 다른 관점에서 활발히 검토하게 하여 모두가 합의할 수 있는 최선의 결론을 도출하게끔 의사진행을 주재하고 이견을 조율할 뿐이다.

그들의 문화는 중요한 의사결정을 CEO 한 사람이 독점하는 것이 아니다. 전문가들로 구성된 스태프들이 다양한 관점에서 문제점을 찾아내 분석한 내용을 모두 취합한 뒤 모든 팀이 함께 검토한다. 팀별로 의견의 차이가 크면 사장이나 CEO의 조율을 거쳐서 최종적인 결정에 대한 합의를 유도한다. 사장이나 CEO가 전문가 집단인 스태프의 의견을 무시하고 일방적으로 결정을 내리는 경우는 드물다. 그런데 우리 기업들이 이러한 다국적 기업의 CEO의 역할을 잘못 생각하고 협상을 그르치는 경우를 종종 본다. 우리나라 대기업의 오너 경영자처럼 배타적 지배권을 가진 것으로 착각하기 때문이다. 다국적 기업의 CEO는 스태프들의 의견을 무시하고 정책적 결정을 밀어붙이지 않는다. 삼성전자의 이건희 회장은 모두가 반대하는 반도체 사업에 뛰어들어 오늘날 대한민국 국내총생산GDP의 20퍼센트가량 생산하는 기업으로 키워냈다. 이런 일은 다국적 기업에서 일어날 수 없다. 주인이 없기 때문이다. 다국적 기업에서는 CEO가 오너인 경우는 없다. 주인이 없는 회사를 전문가 집단이 서로 견제하고 균형을 이루면서 경영한다고 생각하면 된다.

지금의 기업문화는 20세기까지 동양과 서양이라는 각자의 다른 환경에서 생존하고 성장하기 위해 최적화된 것이다. 21세기에는 이전과 완전히 다른 패러다임이 시장을 지배하고 있다. 이러한 새로운 환경에 적응하기 위해 구글이나 삼성과 같은 동서양의 선도적인 기업들은 파괴적인 변화를 시도하고 있다. 그만큼 생존을 위한 절박함이 크기 때문이다.

21세기 들어 서구에서는 정주영, 이건희 회장을 연상케 하는 스티브 잡스, 일론 머스크, 제프 베이조스와 같은 공격형 CEO가 이끄는 기업들이 약진하고 있다. 1980년대 일본 기업에게 점령당하다시피 한 서구 기업의 약점이었지만 동양의 기업에는 장점이었던 '통찰력을 가진 리더에 의한 신속한 의사결정'이 가능해진 것이다. 반면에 우리나라에서는 직급 수를 대폭 줄이거나 아니면 아예 없애 수평적 조직구조로의 전환을 꾀하는 기업들이 늘고 있다. 존칭을 없애거나 존칭을 쓰지 않도록 사내에서는 영어만 쓰도록 하는 회사도 생기고 있다. 직급이나 존칭이 자유로운 의사 표현을 방해한다고 생각해서이다. 전 세계가 하나의 시장이 된 21세기에서 서양은 동양으로, 동양은 서양으로 문화적인 경계를 허물어 약점을 보완하지 않으면 생존이 불가능한 것을 깨달은 결과다. 분명한 것은 최후의 승자는 지금까지 성공으로 이끈 각자의 장점을 살리면서 이제 세계가 하나로 통합된 새로운 패러다임에 잘 적응하는 기업이 될 것이다.

우리나라 기업의 오너 경영체제가 계속 이어질지, 아니면 상속세 문제 등으로 경영권 세습이 쉽지 않아 불특정 다수가 주인이 되는 서구의 기업처럼 점차 변해갈지는 알 수 없다. 그런데 한 가지 분명한 것은 앞으로 우리나라 기업의 오너 경영자도 서구 기업의 CEO처럼 큰 흐름의 방향만 제시하고 정책 결정의 권한을 전문가 집단에 위임할 수도 있을 것이다. 혼자서 모든 것을 결정하기에는 이 세상 돌아가는 것이 너무 복잡하다. 서구의 기업들이 신속한 의사결정이 가능하도록 진화하듯이 우리나라의 기업도 조직 구성원들 모두가 최대의 역량을 발휘할 수 있도록 자유로운 의사 표현을 위해 파괴적인 변화를 시도하지 않으면 기업의 생존을 담보할 수 없기 때문이다.

다국적 기업에는 주인이 없다.

# 3

# 일단 논쟁을 통해 합의했으면
# 모두가 따른다

나는 한날한시에 태어난 또래보다 물리학적으로 10초 젊다. 생물학적으로 젊다는 얘기는 들은 적은 있어도 물리학적으로 젊다는 얘기는 뭔 말인가 싶을 것이다. 나는 잦은 해외 출장으로 그동안 쌓인 마일리지 중 실제 비행거리만 200만 마일이 넘는다. 이는 내가 비행기로 이동한 총거리가 300만 킬로미터가 넘는다는 얘기다.

아인슈타인의 특수상대성 이론에 따르면 빛의 속도, 즉 초속 30만 킬로미터로 여행하면 시간이 정지되고 또 빛의 속도 반으로 여행하면 시간은 반으로 느리게 간다. 그래서 지금까지 빛이 10초간 갈 수 있는 거리 300만 킬로미터를 비행한 나에게는 그렇지 않은 한날한시에 태어난 또래에 비해서 10초만큼 시간이 느리게 흘렀다. 그만큼 해외 출장이 잦았다는 얘기이다. 마일리지의 대부분은 다국적 기업에서 임원으로 오랫동안 근무하면서 쌓인 것이다.

사장이나 CEO에게 보고하는 글로벌 임원 중에 본사에서 근무하지 않고 각국에 흩어져 근무하는 경우가 많다. 인수합병 후 각국의 계열사에서 근무하다 능력을 인정받아 본사 임원으로 진급하는 경우가 종종 있기 때문이다. 나의 경우도 이에 해당한다. 그런데 그들은 본사 임원이 되어 사장이나 CEO에게 직접 보고하는 스태프가 되더라도 굳이 본사가 있는 곳으로 이사 가지 않는다. 역할과 보고라인만 바뀌고 기존 직장에서 계속 근무하는 경우가 많다.

임원이 되면 책임의 범위가 특정한 국가나 지역에서 글로벌로 확장된다. 특별한 안건이나 문제가 있을 경우 전 세계에 흩어져 있는 관련 계열사들을 수시로 방문한다. 평소에는 스태프들이 전 세계에 흩어져서 근무하다 보니 연말이나 연초 또는 분기에 사장 혹은 CEO가 주관하는 정례 회의는 가급적 대면 회의로 진행한다. 이 기회가 아니면 서로 얼굴을 볼 기회가 많지 않기 때문이다. 다국적 기업의 임원이 되면 해외 출장이 굉장히 잦을 수밖에 없다.

전 세계 계열사에 흩어져 있는 다국적 기업의 임원들이 한자리에 모여 회의를 하려면 항공 예약, 차량 예약, 숙박 등 많은 지원 업무가 필요하며 비용도 많이 든다. 그래서 다국적 기업에서는 임원들이 한자리에 모여 회의를 해야 할 때는 시카고나 런던 등 지역의 허브 공항을 많이 이용한다. 숙박도 공항 내 호텔에서 할 경우가 많다. 비용을 최소화할 수 있고 시간도 절약할 수 있기 때문이다. 공항 내 호텔을 이용하면 시내에 있는 호텔을 오가며 이동할 필요가 없다. 바로 호텔 체크인을 하고 즉시 회의가 가능하며 허브 공항이라 대부분의 국가에 직항노선이 연결되어 있어 끝나면 즉시 각자의 나라로 떠나기가 쉽기 때문이다.

다국적 기업의 회의 모습도 우리나라 기업의 그것과 크게 다르지 않다. 간혹 각 팀 간의 이해관계가 첨예하게 대립될 때는 격렬한 논쟁을 벌이기도 한다. 그런데 일단 결론이 합의되고 회의가 끝나면 설사 자기 의견과 다른 결론이 났더라도 정말 이를 되돌릴 만큼 결정적인 변수가 생기지 않은 한 모두 힘을 합쳐 실행한다. 각자의 의견을 설명할 기회가 충분히 주어졌고 회의 주관자의 강압이나 유도에 의해서가 아니라 격렬한 토론을 거쳐 합의한 결론이기 때문이다. 더군다나 대면 회의를 통해 내려진 결론은 더욱 그렇다. 전 세계에 흩어져 있는 임원들이 다시 모여 회의를 할 수 없으니까. 그래서 일단 결론이 나면 수정이 거의 없어 실행 속도가 빠르다. 수직적인 조직문화 때문에 회의 때 자기 의견을 충분히 개진하지 못하고 나중에 문제점이 드러나면 반론이 비등하게 되어 잦은 변경이나 수정이 불가피하게 되는 우리의 회의 문화와는 다르다. 다만, 결론이 날 때까지 토의하고 이견을 조율하는 데 시간이 오래 걸린다는 단점도 있다.

대립되는 이해관계자 모두의 의견을 수렴하여 '회사의 이익 극대화'라는 결론에 도출하기까지 상당한 인내심과 시간이 필요하다. 다국적 기업과 미팅 때 합의한 사항은 변경하거나 수정하기가 대단히 힘들다. 그 합의에 이르기까지 미팅 당사자 외 관여한 사람이 많으면 많을수록 더 힘들다.

프레지던트President는 '프리사이드preside'라는 단어에서 유래되었다. 프리사이드는 영국의 식민 지배에서 해방되어 막 자치권을 가지게 된 미국 각주의 대표가 한자리에서 만나 회의할 때 그중 한 명이 진행을 맡는다는 의미였다. 회의 참석자나 회의를 주재하는 사람이나 동격이니 유럽에서 쓰는 왕이나 황제라는 칭호는 적절하지 않다. 그래서 회의를 주재하는 사람이라는 의미의 프레지던트라는 명칭을 쓰기 시작했던 것이다.

현재 미국이나 유럽의 기업에서 쓰는 최고경영자의 명칭을 보면 역사적 맥락에서 해석이 가능하다. 제국주의의 역사적 배경을 가진 유럽에서는 프레지던트보다 매니징 디렉터managing director라는 직함을 더 많이 쓴다. 각자 다른 의견을 조율하고 결론이 합의에 이르도록 회의를 주재하는 역할인 미국의 프레지던트보다 매니징 디렉터는 말 그대로 의견이나 결론을 주도한다는 의미가 더 담겨 있다. 최고경영자의 호칭에도 역사적인 배경이 고스란히 녹아 있는 셈이다.

우리나라에서 회의할 때는 자기 의견을 잘 드러내지 않는다. 상사가 자신이 생각하는 것과 다른 의견을 제시할 때는 더욱 그렇다. 오너의 지시를 전달하는 상사에게 이견을 제시하는 것은 오너에 대한 도전으로 인식되기 때문이다. 상사가 아니더라도 다른 참석자의 의견에 이의를 세기하여 논쟁이 벌어지면 회의가 끝나고 나서도 시적인 감정으로 이어지기 쉽다. 상대방은 이를 공격으로 받아들이기 때문이다. 그래서 이견이 있어도 잘 드러내지 않는다. 자신도 나중에 공격당할 수 있다는 두려움 때문이다. 그런데 회의가 끝나고 은밀한 곳에서 비슷한 생각을 하는 사람을 만나면 자기 의견을 스스럼없이 말한다. 이미 내려진 결론에 대한 이견이나 불만도 쉽게 드러낸다. 그래서 회의할 때 아무 이견 없이 내려진 결정은 종종 실행되는 과정에서 변경되거나 수정되기도 한다. 다국적 기업에서는 예측이 불가능했던 변수가 발생하기 전에는 있을 수 없는 일이다.

지금까지 설명한 양쪽의 문화 중 어느 것이 좋다고 딱히 말하기 힘들다. 서구의 회의 문화는 장점이 많지만 반면 회사의 주인이 없다 보니 아무도 책임질 일을 하지 않으려는 치명적인 약점이 있다. 우리 문화 역시 많은 단점에도 불구하고 오늘날 대한민국을 세계 10위권의 경제 대국으로 성장시킨 비결은 정주영, 이병철, 이건희 회장 같은 주도적인 리더의 역할 덕분이었다는 것을 아무도 부정할 수 없다. 현재 대한민국의 기업문화는 그들 리더십의 산물이다. 그런데 이 성공의 방식이 21세기에도 유효한지는 의문이다.

# 4

# 문화적 배경을 알면
# 기업문화의 차이를 안다

최근 『미국 함정*』이라는 책이 출간되어 화제가 되고 있다. 이 책은 운송과 발전 설비를 생산하는 프랑스의 다국적 기업 알스톰의 자회사 CEO 프레데릭 피에루치Frederic Pierucci가 마티유 아롱Matthieu Aron과 공동으로 썼다. 알스톰은 우리나라 KTX의 원천기술을 보유한 회사일 뿐 아니라 내가 근무했던 미국 회사에서 오래전 알스톰의 계열사 중 하나를 인수합병 한 적이 있어 더 친숙한 회사다.

프레데릭 피에루치는 2013년 뉴욕의 JFK 국제공항에서 FBI 요원들에게 체포된다. 죄목은 미국의 해외부패방지법FCPA 위반. 미국의 해외부패방지법은 닉슨 대통령 재임 시 발생한 워터게이트 사건 때

---

* 프레데릭 피에루치, 마티유 아롱, 『미국 함정』, 정혜연 옮김, 올림, 2020.

문에 만들어졌다. 당시 수사 과정에서 미국 기업들이 해외에서 뿌린 뇌물 사건이 밝혀졌다. 이 사건은 다나카 수상을 구속시킨 일본의 록히드 사건과 비슷한 시기에 알려지며 미국 국민을 충격에 빠뜨렸다. 기업의 부패가 세상에 알려지면서 여론도 들끓었다. 기업인들의 반발도 있었지만 도덕성을 앞세운 카터 행정부가 밀어붙여 관철시키면서 1997년 발효되었다. 이 법은 원래 해외에서 뇌물을 주는 미국 기업을 단속하기 위해 만들어졌다. 하지만 해외 경쟁사의 뇌물제공 관행은 변함없었다. 결과적으로 미국 기업에만 족쇄를 채운 격이 되었다. 그러자 수출 경쟁에 불리하게 내몰린 미국 기업의 불만이 커졌다. 미국 정부는 기울어진 운동장을 바로잡기로 한다. 다른 나라들을 압박해 1997년 경제협력개발기구OECD의 반부패 협약 체결을 유도하고 부패 문제를 국제적 이슈로 만들어 법을 개정해 역외관할권을 부여한 것이다.

해외부패방지법은 2008년 리먼브라더스에 의해 촉발된 세계 경제 위기 이후 새로운 국면을 맞게 된다. 그 이전까지 이 법에 따른 처벌 사례나 벌금 규모는 크지 않았다. 하지만 2008년부터 미국 국무부와 증권거래위원회는 본격적으로 법을 집행하며 무자비한 벌금을 부과하기 시작했고 징역형을 선고받은 피해자들이 속출했다. 외국 기업, 특히 유럽 기업의 입장에서는 이 법이 미국 기업의 이익을 보호하기 위해서 집행된다고 생각할 수 있었다. 반면 세계 경찰 역할을 하는 미국의 입장에서는 기울어진 운동장을 바로잡기 위해서 집행한다고 생각할 수가 있다.

미국 사법부는 알스톰이 인도네시아에 발전 설비를 판매하기 위해 인도네시아 당국에 거액의 뇌물을 제공한 죄로 피에루치를 구속했다. 그는 알스톰 최고경영진의 유죄를 입증하는 데 협조할 것을 수락할 때까지 2년의 수감생활과 3년의 보석 상태로 구금된다. 미국의 반부패법은 미국 국내법을 어기지 않더라도 거래에 달러를 사용하거나 미국에 서버가 있는 이메일을 이용할 때 미국인이 아니더라도, 미국 밖에서 발생했더라도 피의자를 구속할 수 있다.

이 책에서 그는 자유를 박탈당한 그 5년 동안의 일을 생생하게 증언한다. 그는 미국이 그를 구속한 것은 알스톰에 7억 달러가 넘는 거액의 벌금을 뜯어내기 위해서라고 주장한다. 프랑스의 국가적 전략산업인 원자력 발전 등 중요한 기술을 보유한 알스톰의 발전사업부를 경쟁사인 미국 GE가 인수할 수 있었다고 말한다. 그 외에도 미국이 자국 기업의 이익을 보호하기 위해 이 무소불위의 법을 이용하고 있다고 생각한다. 그 증거로 미국 국무부가 전 세계 기업을 대상으로 징수한 수십억 달러의 벌금 중 미국 기업이 낸 것은 3분의 1밖에 되지 않는 점을 든다.

이러한 피에루치의 주장을 미국 사람들은 동의하지 않을 수도 있다. 나도 여기에서 그의 주장이 맞고 틀리고를 얘기하는 것은 의미가 없다고 생각한다. 내가 근무했던 다국적 기업은 미국과 유럽에 계열사가 있었기 때문에 두 지역의 직원들이 법에 대해 어떤 생각을 하는지 그 차이에 대해 말하려고 한다. 유럽 직원들 중 사석에서 만나면 본사의 준법 규정을 다 지키면 어떻게 비즈니스가 가능하냐고 반문하는 사람들이 있다. 반면에 미국 직원들은 법을 지키는 것에 일절 저항이 없었다. 당연하다는 생각이다. 미국과 유럽의 기업 윤리와 그 기준은 많이 다르기 때문이다. 피에루치 사건에 대한 해석도 양측이 당연히 달라질 수 있다. 미국인은 미국인 나름대로, 유럽인은 유럽인 나름대로 다른 기준으로 피에루치 사건을 해석할 것이다.

조금만 거슬러 올라가도 문화적으로나 종교적으로도 한 뿌리를 가진 미국인과 유럽인이 왜 이렇게 서로 다른 윤리 기준을 가지게 되었을까? 과연 그 배경은 어디에서 온 걸까. 이런 점이 흥미롭고 궁금했다. 자본주의는 종교혁명과 산업혁명을 거치며 유럽에서 태어났다. 제국주의와 식민 지배 시대를 지나면서 끊임없이 부가 유입되었고 자본주의는 발전했다. 그러다가 제1, 2차 세계대전을 거치면서 식민지는 해방되고 세계의 패권은 서구열강에서 미국으로 넘어갔다. 유럽은 제국주의의 몰락과 함께 식민지로부터 부의 유입이 끊어졌다. 미국은 제2차 세계대전 이후 소련의 팽창을 견제하기 위해 전후 복구사업을 지원했다. 이에 힘입어 높은 경제 성장을 이룬 유럽의 자본주의는 복지국가를 지향하는 수정자본주의로 변형되었다. 반면에 미국은 제국주의 서구 열강이 지배하던 식민지를 해방시킨 뒤 전후 세계 최고의 산업경쟁력을 무기로 자신들의 새로운 시장으로 흡수하기 위해 자유시장주의로 게임의 룰을 바꾸었다. 이 덕분에 미국에서는 자본주의가 수정 없이 지속적으로 진화했다. 자본주의의 뿌리는 같지만 다른 환경에서 수정자본주의와 자유시장주의라는 다른 길을 걷게 됐던 것이다.

자본주의의 변천사도 다르지만 오랜 공동체 역사를 가진 유럽과 짧은 역사의 미국은 사회적, 경제적 관계에 대처하는 것도 다르다. 유럽은 오랜 역사를 거치면서 앞서 말한 제국주의적 질서를 경험했고 맥락적 이해를 앞세운다. 하지만 미국은 그렇지 않다. 미국의 역사는 200년 조금 넘은 이민자들로 구성된 신생 국가이다. 그러다 보니 시비에 휘말리지 않기 위해서는 공정하고 엄격한 법 집행이 필요했다. 서부 개척 당시 법원이 가깝지 않은 오지 마을에는 순회 판사가 돌아다니며 판결을 통해 시비를 가려주었다. 그것마저 여의치 않으면 목숨을 건 결투로 정의를 가렸다. 결투에 이긴 사람은 승소 판결을 받은 것과 같은 효과가 있었다.

유럽의 경제 강국 대부분은 식민 지배의 역사가 있다. 일방적인 착취와 수탈로 기득권을 정당화했다. 엄격한 법 집행이라는 점은 미국과 동일하지만 공정하게 시시비비를 가리기보다 힘을 앞세운 기득권 보호에 더 무게를 둔다. 나는 이러한 역사적 맥락의 차이가 미국과 유럽의 기업문화에 대한 기준을 달라지게 했다고 생각한다. 나아가 미국 경쟁력의 근원이라고 생각한다. 공정하고 엄격한 법 집행은 능력 우선주의를 확대 재생산한다. 어차피 모두가 오랜 배경이나 기득권이 없이 경쟁하니 마이클 잭슨이나 타이거 우즈 같은 세계적인 스타도 탄생할 수 있다.

서구 문화가 계약과 법 집행을 아주 까다롭게 한다고 하지만 자세히 들여다보면 미국과 유럽의 차이를 엿볼 수 있다. 특히 자국이 아닌 해외 비즈니스를 할 때 이 두 세력의 차이가 드러난다. 예컨대 발전 설비와 관련한 비즈니스를 해외에 추진할 때 유럽은 우리가 생각하는 서구의 모습과는 사뭇 다르다. 개도국들은 발전소를 짓기 위해 설계와 시공은 물론이고 설비까지 수입에 의존할 수밖에 없다. 이를 위해 미국과 유럽의 발전 설비 회사 간 경쟁은 치열하다. 개도국의 대부분은 유럽 강국들이 식민 지배했던 나라들이다. 유럽 국가들은 지배자로서 본국의 배타적인 이익을 위해 착취와 수탈을 정당화하던 관례에 익숙해 개도국들과 거래할 때 이중적인 윤리 기준을 적용하는 것은 흥미롭다. 유럽 국가에서는 미국이 주도하여 부패 문제를 국제적인 이슈로 만들고 역외관할권을 부여하기 전까지는 피에루치가 항변하듯 해외공사를 따거나 납품하기 위해 뇌물을 쓰면 공식적인 경비로 인정이 될 정도였다.

몇 해 전 일이다. 미국 본사 사장을 만나기 위해 사무실 앞에서 기다리고 있었다. 비서인 쥬디가 환한 미소를 지으며 다가와 지난번 출장 때 내가 준 선물을 손주들이 정말 좋아하더라고 말했다. 출국 때 인천공항에서 산 조그만 카카오 캐릭터 인형 세트였다. 나는 그녀와 오랫동안 알고 지냈지만 손주가 있다는 얘기는 지난번 출장 때 들었다. 그녀에게 손주가 있다는 말에 약간 놀랐다. 세 명의 사장을 모신 그녀는 마음씨 좋은 미국 아줌마, 아니 할머니였다. 세련되진 않았지만 흰머리가 약간 섞인 금발의 그녀는 말을 할 때나 행동을 할 때 기품이 있었다. 조금 거칠기는 하지만 예쁜 손을 가지고 있어서일까 아니면 항상 단정하게 단발머리를 하고 있어서일까. 아무튼 나는 그녀가 할머니라는 사실에 놀랐다. 출장 때 그녀의 손주가 생각나서 조그만 선물을 샀다. 그런데 건너편 책상 앞에 앉아 있던 그녀가 갑자기 약간 흥분된 목소리로 내게 말을 걸었다. "도대체 이게 말이 되는 일인가요?" 하며 시작한 이야기는 다음과 같다.

그녀는 덴마크 계열사의 책임자가 사장에게 결재를 올린 경비를 정리하고 있었다. 그중 고액의 접대비가 포함되어 있었는데 내역은 호화 요트 임대였다. 그는 영국인이었는데 내 기억으로는 결재를 올린 접대비가 1,000만 원이 넘었던 것 같다. 당시 우리 회사의 출장비 및 접대비 규정에 의하면 접대비의 금액 한도는 결재권자의 권한, 즉 위임 전결에 따른 것만 있을 뿐 접대 목적에 따른 것은 없다. 결재권자가 직급에 따라 얼마까지 결제할 수 있는지에 관한 규정은 있어도 누가 어떤 상황에서 얼마까지 접대비를 지출할 수 있는지에 관한 규정은 없었다. 상식적인 비즈니스 관례에 따른다고 되어 있을 뿐이었다. 1,000만 원의 접대비는 미국에서는 상식적인 비즈니스 관례가 아니다. 우리 회사 임원들과 함께 피츠버그에서 거래처와 미팅했을 때다. 미팅 후 메이저리그 스타디움 프라이빗룸에서 야구를 보며 식사를 대접받은 적이 있었다. 내 경험으로는 이 정도가 상식적인 비즈니스 관례의 최고 한도가 아닌가 싶다. 영업 책임자가 고객과 아무리 고급 레스토랑에 가서 와인을 곁들여 식사하더라도 1인당 200달러를 넘지 않았다.

흥미로운 것은 우리 회사의 선 세계 모든 직원이 6시간 이상 비행기를 타고 출장 갈 때는 비즈니스 클래스를 이용하는 것이 허용되었다. 물론 각국 결재권자의 승인을 받아야 하지만 적어도 미국 계열사들의 경우 대부분 승인해준다. 앞에서 말한 시비를 없애기 위해서일까? 그래서 제품 수리나 시운전을 하기 위해 한국으로 출장을 오는 서비스 엔지니어 중 개인 마일리지로 업그레이드하여 퍼스트 클래스를 타고 오는 경우도 있었다. 그런데 미국에서 영업활동을 하면서 2~3명의 고객을 위한 접대비를 1,000만 원 넘게 쓰는 경우는 상상도 할 수 없다. 앞에서 말한 상식적인 비즈니스 관례가 아니기 때문이다. 공무원을 상대로 하는 접대비는 아예 한 푼이라도 쓸 수 없다. 범죄행위이기 때문이다. 앞에서 말한 대로 해외부패방지법에 따르면 공무원을 상대로 한 푼이라도 접대비를 쓰면 미국인이 아니더라도 근무하는 회사가 미국에 있지 않더라도 미국법에 의해 처벌을 받는다.

그런데 유럽은 아주 다르다. 본사 규정은 비즈니스 클래스를 허용하더라도 임원이 아니면 결재권자가 승인해주지 않는다. 그래서 대부분 이코노미 클래스를 타고 출장을 온다. 기득권을 가진 자와 그렇지 못한 자의 권리의 경계는 분명하다. 반면에 중요한 수주가 있다면 1,000만 원의 접대비도 승인해준다. 이익을 위한 타협에 익숙하다. 해외공사 수주를 위한 뇌물도 공식적인 경비로 인정해 주는 문화라고 생각하면 이해가 간다. 이러한 배경을 알면 막 인수합병된 유럽의 계열사 책임자가 올린 결재 경비를 보고 흥분한 쥬디의 반응은 놀라운 것이 아니었다.

『미국 함정』에서 보여준 피에루치의 시각은 이 역사적, 문화적 배경의 연장선에 있다고 이해할 수 있다. 미국의 시각은 미국의 기준이

전 세계의 기준이라는 데서 출발하니 충돌이 생길 수밖에 없다.

이러한 문화적 배경을 이해한다면 나라 전체를 떠들썩하게 한 뇌물 사건 같은 일이 벌어지면 미국에서는 그냥 적당히 덮어두고 지나가는 일이 없다는 것을 알 것이다. 지금은 많이 달라졌지만 예전의 유럽 국가들처럼 뇌물을 공식적인 경비로 인정해주는 것 같은 일은 있을 수 없다. 이런 일이 발생하면 반드시 재발 방지를 위한 법을 만들거나 이미 있다면 개정해서 더 엄격히 집행한다.

불과 250년 전만 하더라도 미국은 식민 지배를 당하는 입장이었다. 영국에 수출할 상품은 영국 선박에 의해서만 운송이 가능했고 수입하는 상품은 영국 항구를 경유하도록 했다. 영국은 미국에서 수입하는 모든 물품에 세금을 부과했다. 그때 미국인들은 얼마나 억울하고 울분에 가득 찼을까? 착취와 수탈의 가해 당사자였던 유럽인들이 지금은 미국으로부터 착취와 수탈을 당하고 있다고 느끼니 역사의 아이러니이다.

묻고 싶다. 정의의 절대적인 기준은 있는 걸까? 우리가 역사를 통해 배운 것은 결국 힘이 정의라는 사실 아닐까?

# 5

# 비즈니스에서는 반칙도
# 게임의 룰이다

영화 〈마진콜〉*은 2008년 글로벌 금융위기의 원인이 되었던 서브프라임 모기지 사태를 배경으로 골드만삭스가 어떻게 위기를 모면했는지 영화화한 것이다. 이 영화는 그해 9월 리먼브러더스가 파산신청을 하고 서브프라임 모기지 사태가 발생하기 24시간 전 위험을 미리 알아챈 골드만삭스가 채권을 모두 팔아넘긴 뒤 빠져나가는 과정을 보여준다.

19년 이상 근무한 위험관리팀risk management 팀장 에릭이 하루아침에 해고되어 당장 소지품을 정리해서 나가라는 통보를 받는다. 에릭은 위험 관리팀 부하직원 피터에게 자신이 검토하던 자료라며 USB

---

* 〈마진콜Margin Call〉, J. C. 챈더 감독, 2013.

를 건네주고 "조심하게."라는 말을 남기고 회사를 떠난다. 그날 밤 피터는 사무실에 혼자 남아 에릭에게서 받은 USB 자료를 분석한 뒤 경악했다. 자신들이 관리하는 모기지 상품이 곧 휴짓조각이 될 터였다.

나는 이 장면에서 과연 월가의 금융시스템이 그렇게 허술한지 의문이 들었다. 하지만 다국적 기업에서 오랫동안 근무하면서 경험한 의사결정과 조직 운영 방식을 떠올리자 곧 이해되었다. 리더가 도덕성을 상실하면 어떠한 완벽한 시스템도 소용이 없다. 피터는 충격적인 분석결과를 팀장인 윌에게 보고하고 동료인 세스도 불러 사무실에서 함께 만난다. 윌은 충격을 받은 듯 황당한 표정으로 물었다.

"분석 결과가 실현될 가능성이 얼마나 됩니까?"

세스는 내일 당장 문제가 터질 거라고 대답했다. 사태의 심각성을 깨달은 윌은 상사인 샘을 사무실로 불렀다. 급기야는 회장까지 헬기를 타고 와 새벽 4시에 긴급이사회가 소집되었다. 회장은 이 엄청난 보고를 받고도 믿기 힘들 만큼 침착하게 말했다.

"내일 점심때쯤이면 소문이 다 퍼질 테니 오전 11시 전에 채권을 모두 매각하길 바랍니다. 그리고 채권 매각 할당량을 채운 직원들에게는 수백만 달러의 보너스를 지급하겠다고 약속하세요."

그는 샘을 따로 불러 도와달라고 부탁했다. 샘은 이 많은 부실채권을 한꺼번에 매각하면 금융기관들의 연쇄 부도로 시장은 파탄 나고 고객들은 다 떠날 것이라고 말하며 거절했다. 그러나 회장이 거액의 보수를 제안하자 샘도 결국 동참하게 되었다. 샘은 해고 이후 연락이 닿지 않는 에릭을 무조건 찾아내 바로 복직시키라고 지시했다. 에릭은 다음날 복직하고 아침부터 샘의 진두지휘 아래 단 몇 시간만에 대부분의 부실채권을 정리했다. 이 폭탄세일이 성공리에 끝나자 다음 날 대부분의 직원이 해고되었다.

모기지 등 부실한 채권 여러 개를 묶어서 안전한 증권으로 속여 판 것도 모자라 몇 시간 뒤에 휴짓조각이 될 증권을 충성도 높은 고객에게 판매한다? 그것을 산 고객은 하루아침에 알거지가 될 수도 있는데? 만일 우리나라에서 이러한 일이 일어난다면 어떻게 될까? 이런 기업이 과연 나라 전체에서 빗발치는 비난을 극복하고 살아남을 수 있을까?

서구의 비즈니스 문화는 모든 면에서 법과 규정이 우선한다. 남이 어떻게 생각하는지, 비도덕적 것은 아닌지 등은 그다음의 문제다. 이 영화는 그러한 그들의 문화를 잘 보여준다. 골드만삭스가 채권을 판매할 때 그것이 부실채권인지 아닌지 알고 있었는가, 부실채권인지 알고도 판매한 것인가 하는 문제는 중요하지 않다. 이미 신용평가기관에서는 안전하다고 평가했기 때문이다. 설사 채권을 판매하는 골드만삭스 측에서 부실한 채권인지 알고 있었다 하더라도 책임질 필요가 전혀 없다. 심지어 도덕적인 양심의 가책도 느끼지 않는다. 부실채권인지 아닌지 판단하는 것은 신용평가기관의 몫이기 때문이다. 그런데 웃기는 것은 부실채권을 안전하다고 평가한 신용평가기관도 책임을 지지 않는다. 평가는 주관적인 의견이며 참고를 위한 자료일 뿐이라는 것이다.

결론적으로 여기에서 법적으로 책임질 사람은 하나도 없다. 이 모든 것을 지배하는 것은 게임의 룰이며 각자는 그 범위 내에서 자신의 이익을 극대화하기 위해 노력할 뿐이다. 그래서 결국 모든 판단에 대한 책임은 스스로 져야 한다는 인식이 강하다. 반칙도 게임의 룰 일부이며 페널티를 받고도 이길 수 있다면 그렇게 해야 한다는 생각인 것이다. 그들은 법과 규정에 벗어나지 않는 한 서면으로 된 약속이 아니면 번복해도 문제가 안 된다고 생각한다. 미안한 마음도 전혀 없다. 그렇다고 해도 법과 규정을 위반하지 않았다면 주위에서도 공식적으로는 문제 삼지 않는다.

2002년 월드컵 이전에 한국 축구대표팀이 유럽팀을 상대로 단 한 번도 이겨보지 못한 이유가 여기에 있다. 페널티를 각오하고 달려드는 거친 유럽팀을 상대로 몸싸움을 적극적으로 하지 못하니 이길 리 없다. 히딩크 감독이 와서 바꾼 것 중의 하나가 바로 이것이다. 그는 반칙하지 않으려고 몸싸움을 피하거나 밀리면 절대 이길 수 없다고 가르쳤다. 그래서 체력을 높이기 위해 많은 훈련을 시켰고 몸싸움을 할 때 불가피하면 두려워하지 말고 반칙을 하라고 했다. 그 결과 1954년 이후 처음으로 출전한 월드컵 본선에서 대한민국은 4강의 기적을 일궈냈다.

영화 〈마진콜〉에서 이 엄청난 위험을 사전에 예측한 에릭은 교량을 설계하던 전직 토목 엔지니어였고 세스는 MIT를 졸업한 로켓 연소공학 전문의 우주항공 엔지니어였다. 이 두 사람은 모두 엔지니어였지만 큰돈을 벌기 위해 하던 일을 그만두고 월스트리트로 왔다. 얼핏 전혀 다른 업무 같지만 모두 숫자를 다루는 일이기 때문에 유사성이 많다. 공학을 다루는 엔지니어의 세계에서는 융통성이 있으면 안 된다. 자칫 대형 사고로 이어질 수도 있기 때문이다. 그들은 휴지 조각이 될 것을 알면서 수백만 달러의 보너스를 챙기기 위해 폭탄 세일에 가담한 것이다. 잠시 도덕성이나 양심을 접어두고 융통성을 발휘한 걸까?

그들과 오랫동안 다국적 기업에서 함께 근무하면서 가까이에서 지켜본 경험을 가진 내 생각에는 아니다. 그들은 그저 게임의 룰에 충실했을 뿐이다. 이를 도덕성이나 양심의 문제로 연결시키지 않는다. 실점할 위기에서 의도적인 반칙을 범하여 프리킥으로 실점의 확률을 떨어뜨리는 것도 공학적인 확률계산의 결과이지 도덕이나 양심이 개입할 여지는 없다. 축구팀의 목적과 존재 이유는 이기는 것이지 도덕적인 평판이 아니기 때문이다. 합의된 룰의 범위 내에서 가능한 모든 수단과 방법을 동원하여 이기는 자가 조직과 게임을 지배하게 된다.

# 6

# 문화가 다르면
# 도덕적 기준도 달라진다

비즈니스의 도덕적인 기준이 문화적인 배경에 따라 얼마나 달라지는지 보여주는 두 가지 사건이 있다. 2010년경 우리 회사는 요르단 발전소 설비를 국내 건설사를 통해 수주하였다. 설계와 생산은 벨기에에 있는 계열사가 맡았다. 설비 제작이 끝난 뒤 현지 설치를 위해 벨기에 엔지니어 두 명과 우리 엔지니어 한 명이 현지로 몇 달간 파견되었다. 현장 근처에는 별 두 개짜리 호텔이 있었는데도 벨기에 엔지니어 두 명은 일이 끝나면 한 시간 동안 택시를 타고 시내에 있는 별 네 개짜리 호텔에서 자고 아침에 또 한 시간 택시를 타고 와 출근하는 것이었다. 물론 우리 직원은 현장 근처의 별 두 개짜리 호텔에 묵었다.

프로젝트가 끝나고 귀국한 우리 직원은 벨기에 직원들을 이해할 수 없으며 어떻게 그럴 수 있냐고 열을 올렸다. 부도덕하다고 비난하기까지 하였다. 나는 그 얘기를 듣고 웃음이 나왔다. 그리고 그 직원에게 그들 문화에 관해서 설명해 주었다.

"상식적으로도 그들이 근처의 별 두 개짜리 호텔을 놔두고 한 시간이나 떨어진 시내의 별 네 개짜리 호텔에 숙박한 것은 회사의 이익에 반하는 행동임이 분명합니다. 그렇지만 이를 통제할 룰이나 규정이 마련되어 있지 않다면 그렇게 하더라도 그들은 전혀 죄책감이나 부도덕함을 느끼지 않습니다."

대답을 들은 직원은 고개를 갸우뚱했다.

"쉽게 말해서 그들은 회사가 처한 비즈니스 환경에 효율적으로 대처하는 환경을 구축하고 그에 대한 룰이나 규정을 마련하도록 하는 것은 경영진의 몫이라고 생각하는 것이죠. 별 네 개짜리 호텔에 숙박해서는 안 된다는 규정을 만들 수도 없고 그렇다고 어떤 때는 되고 어떤 때는 안 된다는 세부 규정을 만들자니 끝이 없겠죠. 그래서 직원들은 룰과 규정에 벗어나지 않는 범위 내에서 개인의 이익을 최대한 추구합니다. 과연 별 네 개짜리 호텔에 숙박하면 안 된다는 규정을 만든다면 누가 그 회사에 근무하려 하겠습니까?"

우리 직원은 그제야 조금은 이해하는 듯 고개를 끄덕였다. 우리와 다른 문화, 즉 수평적 조직구조를 가진 서구의 다국적 기업에서는 우리나라처럼 직급별로 여비나 숙박비의 한도를 제한하는 경우는 드물다. 물론 회사마다 나름대로 관례가 있고 또 미국 기업과 유럽 기업 간에도 차이가 있겠지만 규정에 명시적으로 넣는 경우는 거의 없다. 차별적 요소로 인식될 수 있기 때문이다. 또한 여러 가지 경우의 수가 발생할 수 있는데 억지로 규정을 만든다면 더 비효율적으로 될 수도 있기 때문이다.

직원이 1만 5,000명인 'A'사에서는 장거리 출장을 갈 때 직급에 관계없이 비즈니스 클래스 이용이 가능했다. 모든 직원의 비즈니스 클래스 이용을 허용하는 규정이 있어서가 아니라 금지하는 규정이 없었기 때문이다. 그럼에도 불구하고 유럽 계열사는 임원들만 주로 이용하였다. 이러한 차이는 문화적 배경이 서로 다르기 때문이 아닌가 생각한다. 200년 조금 넘은 역사를 가진 미국과 달리 로마 시대 이후 오랫동안 유럽을 지배한 봉건시대의 계급제도 영향이 아닐까. 2008년 세계 경제 위기가 닥치면서 비즈니스 클래스 이용을 제한하는 지침이 내려오기도 했지만 극히 예외적인 경우였다. 또 이는 규정이 아니라 한시적인 지침이다 보니 오래가지 않았다.

유능한 리더나 잘나가는 다국적 기업은 직원들이 자율적으로 일을 할 수 있도록 최대한 동기 부여를 하면서도 낭비적인 요소를 비즈니스 환경에 따라 효율적으로 통제할 수 있도록 룰과 규정을 새로 만들거나 개정하는 데 게을리하지 않는다. 우리의 문화는 어떤가. 서구 문화에 익숙한 사람들의 눈으로 보면 법과 규정을 쉽게 어기는 사람으로 보일지도 모르겠다.

또 다른 사건은 미국 계열사에서 공급한 제품의 하자 때문에 미국 엔지니어가 우리 회사를 방문한 적이 있었다. 미팅하던 도중 우리 직원 한 명이 경쟁사 자료를 보여주고 그대로 수정하면 개선될 것이라고 얘기했다. 마치 자신의 경험을 미국 엔지니어 앞에서 뽐내듯이. 그 직원은 그 자료를 만든 경쟁사 출신이었다. 그런데 이 미국 엔지니어는 창백한 얼굴로 내 사무실로 왔다. 그 자료는 경쟁사의 영업 비밀이고 그것을 이미 퇴사해서 다른 회사에 다니고 있는 우리 직원이 가지고 있는 것은 범법 행위라는 것이다. 따라서 본인은 그 미팅에 참석할 수 없다고 했다.

문화가 다르면 도덕적 기준도 달라진다. 위 두 가지 사건에서 근처의 별 두 개짜리 호텔이 있는데도 한 시간 동안 택시를 타고 가서 별 네 개짜리 호텔에 숙박하는 벨기에 직원이 더 비도덕적일까, 아니면 회사를 옮길 때 이전 회사의 영업 비밀을 별다른 죄의식 없이 가지고 나오는 우리나라 직원이 더 비도덕적일까?

# 3장

# 다국적 기업의
# 경영 원리를
# 파악하라

# 1

# 조직 운영의 핵심은 시스템과 프로세스다

50년 전 대한민국의 국내총생산은 100억 달러도 되지 않았다. 이 것은 지금 세계 10위권의 경제 대국으로 도약한 우리나라에서 순위 40위 정도 되는 한 기업의 매출액과 비슷하다. 당시 우리나라의 기업은 모든 것이 눈에 보일 정도의 작은 규모였고 조직도 단순했다. 기업 경영은 시스템보다 리더의 역량에 더 많이 의존했다. 그러나 지금은 하나의 중견기업을 경영하는 데도 예전에 하나의 국가를 경영하는 정도의 시스템이 필요하다. 조직의 일상 업무를 관장하는 것은 사람이 아니라 시스템이어야 한다.

50년이라는 짧은 기간 동안 우리나라만큼 많은 변화를 겪은 나라가 동서고금을 통틀어 또 있을까? 그러다 보니 아직 우리나라에는 조직관리에 사람과 시스템이라는 두 가지가 공존하는 과도기에 있다고 생각한다.

『문화를 넘어서Beyond Culture』의 저자 에드워드 홀Edward Hall 교수는 고맥락 사회의 특징에 대해 다음과 같이 말한다. 고맥락 사회의 특징은 많은 말이 필요 없다.* 자기 마음속에 있는 이야기를 할 때 상대방은 자신이 하려고 하는 말을 이미 알고 있다고 믿기 때문이다. 그래서 고맥락 사회에서는 핵심을 건드리지 않고 돌려서 이야기하게 되며 핵심을 짚어내는 일은 듣는 사람의 몫이라고 설명한다. 말하는 사람이 핵심을 일러주는 것은 듣는 사람의 인격에 대한 모욕이자 침범으로 간주되기 때문이다. 따라서 고맥락 사회에서는 조직구성원은 많은 말을 하지 않아도 서로의 생각을 공유할 수 있다. 이때 모든 일의 결과는 가장 높은 지위에 있는 사람이 책임진다. 시스템보다는 소위 의리와 충성이 조직관리와 운영의 근간이 된다.

고맥락 사회의 대표적인 나라가 한국과 일본이다. 반대로 가장 낮은 나라는 미국이다. 유럽 국가들은 그 중간쯤 되는데 그중에서도 남유럽국가는 높고 북유럽국가는 낮다. 프랑스는 그 중간쯤에 있다. 미국의 법정 영화나 드라마를 보면 종종 "예와 아니오로만 답하시오."라는 대사가 나오는데 저맥락 사회의 극단적인 특징이다. 앞뒤 맥락보다는 사실관계만 따진다. 객관적인 사실 외에는 고려하지도 듣지도 않을 테니 말하지도 말라는 것이다. 우리나라 국회에서 국정감사때 진술하는 사람의 설명이 장황해지면 위원장이 "예와 아니오로 답

---

*    에드워드 홀, 『문화를 넘어서』, 최효선 옮김, 한길사, 2000, p. 170

해주세요."라고 요구하는 걸 가끔 보는데 물론 제대로 지켜지지 않는다. 고맥락 사회인 우리나라에서는 문제의 전후 맥락을 제대로 이해하지 못하면 전혀 다른 해석이 내려지기 때문이다.

저맥락 사회에서는 문제가 생기면 문서화된 규칙, 즉 매뉴얼이나 프로세스에 의해 책임이 가려진다. 사람에게 책임을 물어야 할 경우는 대상이 명확하다. 고의로 프로세스를 지키지 않은 사람이다. 예를 들어 비용을 줄이기 위해 규격보다 낮은 자재를 사용해서 사고가 생겼다면 여기에 해당한다. 그런데 그렇지 않고 실수 때문이라면 문제는 달라진다. 왜 그 사람이 실수할 수밖에 없었는지 밝히고 사고 재발을 예방하기 위해 매뉴얼이나 프로세스를 개선하는 방향으로 모든 역량을 동원한다. 이후 유사한 상황이 발생하더라도, 또 누가 그 업무를 맡더라도 같은 실수가 반복되지 않도록 노력한다. 모든 사람은 실수를 할 수 있다는 생각에서 출발하기 때문이다.

시스템이 제대로 작동하면 프로세스대로 움직이고 그 업무를 누가 맡더라도 결과는 같을 수밖에 없다. 사람의 주관적 판단이 들어갈 여지가 없으니 당연한 일이다. 실제로 내가 근무한 미국 회사에서는 사람의 실수에 의한 사고는 손실의 크기와 관계없이 책임을 묻지 않았다. 대신 프로세스를 개선해서 재발하지 않도록 방지하는 데 최선을 다했다.

한번은 본사 사장이 나에게 알리지 않고 중국에 왔다 간 일이 있었다. 보통 본사 사장이 중국을 방문하면 한국도 같이 들르는데 그냥 간 것이다. 이 사실을 나중에 미국에서 회의를 하면서 알게 되었다.

미국에서 생산하여 중국의 정유공장에 설치된 설비가 고장나는 바람에 손해배상을 위한 협상을 하러 출장을 갔다고 사장은 말했다. 갑자기 일정이 잡히는 바람에 한국은 들를 틈이 없었다고 했다.

당시 사고로 발생한 간접 손실, 즉 생산 손실과 원료 손실까지 합하면 고객의 총 손실액은 2,000만 달러가 넘었다. 그는 협상을 통해 200만 달러 정도로 줄여 배상 합의를 했다고 자랑스럽게 말했다. 개인적으로 잘 알고 있던 터라 이 설비를 설계하고 생산한 책임자들의 얼굴이 떠올랐다. 그렇지만 사장은 그들에 관한 얘기는 한마디도 하지 않고 만족스러운 사고수습 얘기를 무용담처럼 늘어놓으며 스스로를 대견해하는 표정이었다.

몇 달 후 중국 정유공장에 설치했던 설비를 만든 책임자들을 만났지만 자기들로 인해 회사가 지불한 손실액에 대한 죄책감이나 미안함 같은 것은 전혀 보이지 않았다. 나는 프로세스대로 일했고 실수가 있었다면 프로세스 탓이라고 생각한다는 것을 경험을 통해 알고 있었다. 그래서 실수했다 하더라도 고의적이지 아니면 처벌은 하지 않는다.

사람은 누구나 실수를 할 수 있다는 것이 미국 사람들의 생각이다. 설사 업무 능력이 부족해서 실수했다고 하더라도 고의가 아니라면 최고로 가혹한 징계는 능력의 재평가에 따른 인사 조처가 전부이다. 업무 능력에 맞지 않는 인력을 배치한 인사시스템 때문에 발생한 사고, 즉 회사의 책임이라고 생각하니 징계라고 할 수도 없다. 대신 매뉴얼이나 프로세스를 어겼을 때는 관용은 없다. 만약 희생양이 필요하면 말단 직원 가운데 가장 그럴듯한 인물이 선택된다. 가장 높은 지위에 있는 사람이 모든 구성원의 행동에 책임지는 고맥락 사회와 확연히 다른 문화이다.

데이브가 회사를 떠나고 난 뒤 부사장인 릭Rick이 후임 사장으로 승진하여 제임스와 함께 한국을 방문한 적이 있었다. 두 사람과 울산에 갔다. 내가 운전을 하고 사장인 릭은 내 옆자리에 앉고 제임스는 뒷좌석에 앉았다. 일을 마치고 부산으로 오면서 고속도로를 빠져나와 회사로 가는 중 좌회전 신호를 받기 위해 속도를 서서히 줄이고 있는데 갑자기 뒤에서 오던 차 한 대가 끼어드는 바람에 급정거했다. 릭은 차를 세워달라고 하더니 제임스와 자리를 바꿔 앉았다. 한국에서는 운전법규대로 운전하지 않는 운전자가 많아 사고가 날 확률이 높다고 보고 희생은 부하의 몫이라고 생각한 것이다.

나로서는 생소한 광경이었다. 그런데 이런 정서만 낯선 게 아니다. 사고 발생과 관련하여 어떻게 그것을 바라보고 해결하는지도 우리나라와 서구는 매우 다른 양상을 보인다. 우리나라에서는 사고가 나면 고의이든 과실이든 책임 규명과 처벌에 초점을 맞춰 조사한다. 누구 책임인지 발표가 되기 전에는 모두의 관심이 집중되지만 일단 누구이고 어떤 처벌을 받게 되는지 발표되고 나면 관심 밖으로 사라진다. 정작 재발 방지에 대한 근본적인 해결책에는 모두가 무관심하나. 구체적인 실행방안은 빠져 있고 추상적이고 포괄적인 향후 개선책에 대한 관련 당국의 짤막한 논평 한 줄로 사고가 수습되고 마무리된다.

미국이나 유럽에서는 사고가 발생하면 원인조사부터 재발 방지를 위한 개선책이 나와야 사건이 종결된다. 그러나 우리나라에서는 사건 종결을 위해서 이 모든 것보다 책임자 처벌이 우선이다. 그러다 보니 사고가 반복되어도, 책임자를 매번 교체하여도 별로 달라지는 것이 없다. 매뉴얼이나 프로세스 같은 시스템의 보완이 없기 때문이다. 전혀 실수하지 않는 사람만으로 조직을 구성하면 될 것이다. 하지만 그것은 불가능한 일 아닌가. 이러한 관습은 고맥락 사회에서 가장 높은 지위에 있는 사람이 그가 속해 있는 사회나 조직의 말단에 있는 사람들의 행동까지도 책임져야 한다고 생각하는 문화와 무관하지 않다.

우리나라 기업이 조직구성원의 개인기와 조직에 대한 복심에 의지해서 성과를 올리는 시절은 이미 지났다. 의리와 충성은 더 이상 성공적인 조직관리의 조건이 아니다. 단기간에는 성과를 올릴 수 있을지 모르지만 지속적인 성과를 올리는 것은 가능하지 않기 때문이다. 개인도 조직 안에서의 개인이 이미 아니기 때문에 행복하지 않다.

국가든 기업이든 우리의 시스템이 외형이나 규모에 비해 부실한 것은 어쩌면 당연하다. 국민의 80퍼센트가 농업에 종사하다가 불과 지난 50년 동안 산업화 시대, 정보화 시대, 4차 산업혁명 시대를 거치면서 이룩한 대한민국의 성공은 세계가 감탄할 만큼 유례가 없다. 그러다 보니 달라진 환경에 적응하기 위해 단기간에 변모해온 외형적인 사회구조는 서구와 닮아 있지만 이를 움직이는 시스템은 숙성되지 않았다. 몸은 어른인데 지성과 인성은 아직 어린애 수준에 머

무르는 사춘기 청소년과 같다. 시스템은 많은 실패와 사고를 경험하면서 보완되고 개선되는데 우리는 사고만 나면 서구에서 300년 동안 시행착오를 겪으면서 구축한 시스템과 같은 수준의 결과를 요구한다. 그들이 300년 동안의 재발 방지를 위한 프로세스 개선에 쏟은 노력은 보지 않는다. 그래서 재발 방지를 위해 사람에 대한 처벌 말고는 무엇을 해야 할지 잘 모른다.

우리는 세계 10위권의 경제를 움직이는 훨씬 더 복잡한 사회관계망 안에서 상호작용을 하며 살아가고 있다. 이제는 현실에 맞지 않는 허술한 매뉴얼이나 프로세스는 그대로 둔 채 유능한 리더만 있으면 완벽하게 조직의 일상 업무를 통제하고 제어할 수 있다고 생각하는 환상을 버려야 한다. 여기에서 프로세스는 기업이나 조직 내의 프로세스뿐만 아니라 사회적인 프로세스, 국가행정 프로세스도 포함된다. 기업 활동도 사회적인 프로세스 안에서 가능하기 때문이다. 시스템이 부실하면 어떤 리더에게 그 조직을 맡겨도 결과는 마찬가지다. 만일 임기 중에 사고가 발생하지 않으면 단지 운이 좋았을 뿐이다.

글로벌 비즈니스를 지배하는 서구 문화에서 조직 운영의 핵심은 시스템이다. 결코 사람이 아니다. 이 시스템이 정밀하게 작동하지 않으면 사고가 발생할 때 리더가 주관적인 판단을 할 수밖에 없다. 누가 지휘하느냐에 따라서 결과가 항상 달라지다 보니 사고가 생기면 끊임없이 책임 규명과 처벌이 뒤따를 수밖에 없다. 이렇듯 조직의 일상을 시스템이 관장하는 사회로 변화하기 위해서는 고맥락 사회의 문화와 관습은 가장 큰 장애 요소이다. 이러한 변화를 위해서는 우리가 익숙한 많은 것들과 이별해야 한다. 사고가 날 때마다 프로세스를 지키지 않은 데 대한 비난을 쏟아붓는다. 하지만 정작 우리는 프로세스를 따르는 것을 귀찮아한다. 고맥락 사회의 습성에 젖어 혈연, 학연, 지연에서 자유롭지 못하다.

지금부터라도 시스템에 대한 사회 구성원들의 진지한 고민과 합의가 없으면 대한민국은 더 이상 앞으로 나아갈 수 없다. 이제 사고가 나면 사람을 처벌하는 것으로 다 덮어버리는 악습은 반복되어서는 안 된다. 부족한 부분을 인정하고 어떻게 개선할 것인지 사회적인 합의를 끌어내기 위한 분위기부터 만들어야 한다.

# 2

# 재발 방지를 위한
# 프로세스 개선이 중요하다

해외주재원으로 네덜란드에 파견된 친구가 5년 임기를 마치기 직전 마지막 휴가를 한국으로 나왔다. 나를 만난 자리에서 그가 한 첫마디는 "우리는 죽었다 깨어나도 네덜란드를 이길 수 없다"였다.

이 친구는 국내의 한 대형 선박 엔진 메이커 부품을 전 세계 선주들에게 판매하는 회사에 근무하면서 2000년 초반쯤 유럽 주재원으로 파견되었다. 고객 중에 유럽 선주들의 비중이 워낙 크다 보니 로테르담 현지에 재고를 두고 판매하기로 회사에서 결정했기 때문이다. 부품이 없어 수리를 못 하면 선박 운항 스케줄이 차질이 생기게 된다. 이런 상황이 발생하면 선주가 떠안아야 할 손실이 엄청나기 때문에 고객 만족을 통한 시장 확대를 꾀하는 영업 전략이었다. 선박 엔진 부품은 여러 선주로부터 항상 긴급하게 주문이 오는 탓에 주로 항공으로 선적하는 경우가 많다. 대형 선박 엔진의 부품은 중량물이 많고 운송비용도 엄청났다. 로테르담 현지에 재고를 두고 판매하게 된 배경에는 비용 절감 차원의 이유도 있었다.

4년 전 친구가 한국으로 첫 휴가를 나왔을 때는 네덜란드 현지 직원들의 업무 능력이 떨어져 일을 시키기가 너무 답답하고 힘들다고 불평을 쏟아냈다. 왜 그렇냐고 물어보니 도대체 일을 할 때 머리를 쓰지 않는다고 했다. 그러면서 휴가 나오기 직전에 일어났던 한 사건을 이야기해 주었다.

하루는 고객으로부터 항의 전화를 받았는데 피스톤링을 주문했는데 개스킷gasket이 오는 바람에 수리를 예정대로 하지 못하고 있어 큰 문제가 발생했다고 했다. 친구는 당시 발주서와 출고지시서 등 모든 서류를 확인했으나 이상이 없었다. 기록에는 피스톤링을 주문받았고 피스톤링을 출고한 것으로 되어 있었다. 그런데 고객은 잘못된 부품을 받았다고 주장했다. 당시 출고를 담당했던 직원을 통해 확인해보았는데 역시 문제가 없었다. 전산상의 피스톤링이 있는 선반 번호와 출고지시서에 기재된 선반 번호가 일치하였고 그 직원은 정확하게 그 선반에 있던 부품을 출고했다고 확인해 주었다.

그런데도 혹시나 해서 창고에 내려갔는데 피스톤링이 있어야 할 선반에 개스킷이 놓여 있었던 것이다. 피스톤링과 개스킷을 보여주면서 어느 것을 출고했냐고 물으니 개스킷을 가리켰다. 부품들이 뒤바뀌어 있었는데도 확인하지 않고 출고한 것이었다. 화가 난 친구가

피스톤링과 개스킷을 구분 못 하느냐고 하니 그 직원은 그것을 내가 왜 알아야 하냐고 도리어 화를 내며 나가버렸다고 한다.

미국 회사에서 오래 근무한 나는 그 사람들의 업무 처리방식을 보고 이 친구가 처음 겪었을 혼란스러움을 충분히 이해했다. 그래서 흥분한 그를 진정시키며 나중에 생각이 바뀔 것이라고 말했다. 아니나 다를까 4년이 지난 뒤 이 친구가 임기를 마치기 전 마지막 휴가를 나왔을 때는 생각이 완전히 바뀌어 있었다. 열정이 넘치던 당시의 모습과 달리 풀이 많이 죽어 있었다. 그가 던진 첫 한마디가 모든 것을 설명하고 있었다.

"우리는 절대 네덜란드를 이길 수 없어."

처음에 이 친구는 지정된 선반에 다른 부품이 놓여 있더라도 피스톤링은 누구라도 아는 부품이니 오류를 인식하고 제대로 된 부품을 찾아서 출고해야 한다고 생각했다. 그런데 문제가 생길 때마다 그렇게 현장에서 임의로 처리해버리면 부품들이 잘못된 선반에 보관되어 있어도 오류를 발견하고 개선할 기회가 없어진다는 것을 몰랐던 것이다.

모든 부품 출고를 그런 식으로 하면 실수는 상습적으로 반복되고 결국은 전산과 실물이 따로 놀게 되어 시스템이 망가지게 된다는 것을 몇 년 후에야 알게 되었다. 오히려 그 직원이 피스톤링이 아닌 개스킷을 출고했기 때문에 선주가 항의 전화를 했고 그로 인해 오류를 바로잡을 수 있었다. 그래서 결과적으로 한 명의 고객에게는 불편을 끼쳤지만 다른 많은 고객에게는 오류를 방지할 수 있었다. 그때는 미처 알지 못했던 탓에 벌어진 오해였다.

네덜란드와 관련된 다른 얘기가 하나 더 있다. 우리 회사에서 생산하는 제품은 한국뿐 아니라 미국 계열사에서도 생산하고 있었다. 지금은 비싼 인건비 때문에 공장을 폐쇄했지만 10여 년 전까지는 네덜란드에서도 생산했다. 예전에 네덜란드에서 제품개발에 관련된 회의를 하면서 이 3개 회사의 책임자들과 함께 설계 및 생산 프로세스를 비교할 기회가 있었다.

네덜란드에는 생산 현장으로 내려가는 도면이 제품 한 모델당 100장 정도였다. 미국은 80~90장, 한국은 50장 정도였다. 당시 우리 회사는 막 제조를 시작한 상황이었고 3개 회사가 모두 독자적으로 개발한 모델을 생산하고 있어 단순한 비교는 무리겠지만 아무튼 흥미로운 결과였다. 우리도 지금은 나아져 도면 수가 많이 늘었지만 그래도 아직 미국보다는 적다. 그만큼 도면이 자세하지 않다는 얘기다.

당시 네덜란드의 도면을 보았을 때 적잖은 충격을 받았다. 제품을 완성하고 최종적으로 라벨을 부착하는 공정까지 도면화되어 있었다. 라벨을 위에서 몇 센티 띄우고 옆에서 몇 센티 띄워서 부착하도록 도면에 표기한 것은 물론이고 라벨의 재질과 뒷면에 도포되는 접착제의 사양까지 지정되어 있었다. 그런데 미국 도면에는 라벨의 부착 위치는 없고 라벨의 재질과 접착제의 사양은 지정되어 있었다. 우리 회사의 도면에는 라벨에 인쇄되는 내용 외는 아무것도 없었다. 나는 나중에 이 도면 한 장의 차이가 현장에서 어떠한 품질의 차이로 나타나는지 확실히 경험할 수 있었다. 한 대만 설치되었을 때는 표시가 잘 나지 않지만 여러 대가 설치되어 있으면 라벨의 위치가 확연히 차이가 난다. 네덜란드 제품은 여러 대 설치된 현장에서 라벨이 부착된 높이가 일정하게 통일되어 깔끔하게 정렬되어 있었다. 반면 미국과 한국 제품은 들쑥날쑥했다. 1년이 지나서 현장에 다시 가보면 우리 회사 제품은 라벨이 떨어져 나가 있는 것이 많았다. 먼지가 많거나 설치환경이 열악한 곳에 있는 제품일수록 많이 떨어져 있었다. 네덜란드 제품과 미국 제품은 그러한 환경에도 라벨이 떨어진 제품이 하나도 없었다. 환경에 맞는 라벨의 접착제 사양을 도면에 지정했기 때문이다.

그들이 처음부터 완벽하지는 않았다고 생각한다. 시행착오를 거치면서 프로세스를 꾸준히 보완해 온 결과일 것이다. 우리는 현장에서 문제가 생기거나 발견되면 이 문제를 빨리 해결하는 것이 최대의 관심사이다. 그러나 그들은 재발 방지를 위한 프로세스 개선이 더 중요하다고 생각한다. 아무리 사소하더라도 일단 문제가 발생하면 이러한 프로세스 개선 절차를 따른다. 원인 파악과 개선대책 수립에 많은 시간을 소모한다. 그러다 보면 당장 발생한 문제의 즉각적인 해결은 다소 지연될 수 있으나 시간이 지나면서 프로세스를 보완한 결과가 빛을 발하는 것이다. 모두 다 이러한 절차를 당연하게 생각하므로 별로 개의치 않는다.

필요하면 도면이나 관련 서류를 수정히고 도면이나 서류의 수정 이력 관리 절차는 반드시 지킨다. 언제 누가 어떠한 문제로 도면이나 서류가 수정되었는지 한눈에 알 수 있도록 정리함으로써 재발 방지를 위한 프로세스 개선을 마무리한다. 한두 번이면 잘 모르겠지만 이 것이 쌓이면 엄청난 품질의 차이를 만들어낸다. 네덜란드의 도면에 너트 하나도 얼마만큼 세게 조여야 하는지 토크 수치까지 기재되어 있었다. 이 밖에도 작업자들이 충분히 알 수 있다고 생각하는 내용도 도면에 상세히 나와 있었다. 실수하고 싶어도 하기 힘들 정도다. 쉽 게 말하면 네덜란드 공장에서는 초등학생 정도 교육 수준만 되면 조 립하는 데 전혀 문제가 없을 정도로 도면이 상세하다. 미국은 중학 교, 한국은 고등학교 정도의 교육 수준이 되어야 작업이 가능하다고 생각하면 이해가 쉽다. 오랫동안 축적된 시행착오의 결과가 도면에 고스란히 녹아 있는 셈이다.

이렇게 수백 년 동안 축적된 경험은 원천기술의 핵심이며 업력이 짧은 기업이 아무리 많은 박사와 연구 인력을 보유하고 있더라도 따 라잡기 힘든 영역이다. 일본이 1년 만에 코로나바이러스 백신을 개발 할 수 없는 것은 연구 인력이 부족하거나 능력이 떨어져서가 아니고 남이 시도하지 않은 미지의 영역에 관한 기술, 즉 원천기술 개발을 위 한 축적된 경험이 미국이나 유럽보다 상대적으로 짧기 때문이다.

이런 일도 있었다. 우리 회사에 납품한 외주업체의 불량품이 문제 가 되어 품질관리부에서 실사를 한 적이 있었다. 불량의 원인은 도면 에러로 밝혀졌다. 충격적인 것은 잘못된 도면으로 생산하여 납품한 제품은 모두 불량품이어야 하는데 양품도 상당한 양이 섞여 있었던 것이다. 조사 결과 도면이 상세하지 못하니 작업자가 임의로 판단해 서 작업했던 것이 원인이었다. 도면 에러를 인지한 작업자는 스스로 판단해서 도면과 달리 작업하여 양품을 생산했고 그렇지 않고 도면대로 한 작업자가 생산한 제품은 불량이었다.

이럴 때 우리는 누구에게 책임을 물어야 할까? 불량품을 생산한 작업자일까? 아니면 에러가 있는 도면을 내려준 설계자일까? 결론은 이 두 사람 다 아니다. 그들은 책임이 없다. 실수는 누구나 할 수 있다. 책임은 도면이 잘못되어도 오랫동안 알아서 생산해온 생산 부서장이다. 도면이 잘못되었으면 설계부에 도면 수정을 요청하고 수정된 도면이 내려올 때까지 작업을 중단했어야 했다. 그런데 관행적으로 현장 맞춤으로 생산해오다 보니 설계부에서 에러를 인지하고 도면을 수정할 기회를 원천적으로 막아버렸다. 한 번이면 모르겠지만 관행적으로 해오다 보니 누적된 도면에는 에러투성이다. 이는 프로세스가 개선될 수 있는 여지를 없애버렸다.

잘못된 도면으로 양품을 생산한 작업자에게는 상을 줘야 할까? 불량률을 그만큼 줄였으니까. 잘못된 도면으로 생산한 제품은 모두가 불량품이어야 추적 조치가 가능하다. 그런데 분명히 불량이어야 할 제품이 불량이 아니다 보니 하자품에 대한 추적처리에 엄청난 시간과 경비를 들여야 했고 고객의 신뢰는 바닥에 떨어졌다.

"우리는 죽었다 깨어나도 네덜란드를 이길 수 없어."

이렇게 말한 친구의 생각을 내가 경험한 이 사건들이 잘 설명하고 있다.

# 3

# 다국적 기업의 통치 방식은
# 고대 로마와 비슷하다

전 세계에 해외법인을 가지고 있는 다국적 기업의 경영 방식은 고대 로마의 식민지 통치 방식과 비슷하다. 로마는 기원전 8세기 무렵에 세워져 왕정과 공화정을 거친 뒤 옥타비아누스에 의해 제정 시대가 열렸다. 조그만 도시국가에서 출발하였던 로마가 세계사에 유례가 드문 위대한 대제국을 건설할 수 있었던 이유에 몇 가지가 있다.

첫째는 공정소쿄이다. 로마에서는 전쟁에서 이기면 귀족과 평민이 노획한 재물을 나눠 가졌다. 마치 요즘 기업의 성과급과 같다. 모든 전리품을 귀족들이 독점하던 고대 다른 나라와는 달랐다. 전쟁에서 이기면 고국의 가족들을 배불리 먹일 수 있다는 믿음을 가진 병사와 그렇지 못한 병사들 간의 전투 결과는 뻔하다. 성산사건* 때처럼 때로는 분배 문제로 평민과 귀족이 다투기도 했다. 하지만 결국 평민도 귀족과 대등한 정치권력을 갖게 되었다. 이 사건은 요즘으로 치면 일종의 파업인 셈인데 갈등을 서로 잘 극복하여 평민과 귀족 간의 세력이 균형을 이루게 되었다. 현재의 노사관계와 비슷하다. 공화정 시대에는 평민들을 대표하는 민회와 귀족들을 대표하는 원로회가 서로 토론하고 타협하여 국가의 중대사안을 결정했다. 오늘날 민주주의 국가에서 상원과 하원으로 구성된 양원제가 탄생하게 된 배경이다.

둘째는 개방성이다. 시오노 나나미가 쓴 『로마인 이야기』에 보면 로마인들은 그리스인보다 철학이나 예술과 같은 지성은 낮고, 켈트족이나 게르만인보다 체력은 뒤떨어지고, 아치와 볼트를 배웠던 에트루리아인보다 기술력에서는 못하고, 경제적 재능은 카르타고인에게 훨씬 미치지 못한다고 스스로 인정하고 있었다고 한다. 그럼에도 2,000년 넘게 번영을 누릴 수 있었던 것은 개방성이다. 스파르타나 마케도니아 같은 배타적인 나라는 정복지가 늘어날수록 적의 수가 늘어난다. 반면 로마는 정복지 사람들을 자기들에게 동화시켜 포용하다 보니 정복지가 늘어날수록 인구가 늘어나고 인재 풀pool도 자연스럽게 넓어지게 된다.

셋째는 관용寬容이다. 초창기의 로마는 주변 국가들을 정복해 나가면서 전쟁에서 이기더라도 피정복 국가를 강제로 합병하지는 않았다. 그들이 로마에 복종하고 세금 납부를 약속하면 시민권을 부여하

---

* 로마 공화국 초기에 평민들이 귀족 계급에 대항하여 성산聖山이란 곳에 모여 투쟁한 사건.

고 로마 시민과 동등한 지위를 보장하였다. 전쟁에서 지면 모든 재산을 빼앗기고 죽거나 가족이 노예가 되어버리던 고대사회의 일반적인 경우와는 달랐다. 심지어 능력만 있으면 피정복민 중에서 왕이 되는 경우가 있었다. 플루타르코스가 『영웅전』에서 '패자조차 포용하고 자신들에게 동화시키는 문화가 로마의 강대화에 제일 크게 기여했다.'라고 말한 이유가 여기에 있다. 이러한 이유로 주변 국가에서 차별받던 사람들이 스스로 로마로 이주해 오는 경우도 적지 않았다.

훗날 영토가 광활하게 확장되면서 로마에서 직접 통치하기 어려운 정복지는 자치권을 부여하였고 총독을 포함한 점령군의 규모는 최소화하였다. 근대 제국주의 시대에 영국이나 프랑스가 식민지 지배를 하던 방식과 달랐다. 영국이나 프랑스 이외에도 로마처럼 세계 패권을 노린 국가들이 많이 있었다. 하지만 로마처럼 오랫동안 지속된 경우는 없다. 대부분 개방성이 없고 국수주의를 고수하다 보니 인재를 등용함에 인력 풀도 좁고 정책에서 관용이 없다 보니 정복지가 늘어날수록 적대적 세력이 늘어났기 때문이다.

넷째는 네트워크다. 로마는 새로운 영토를 정복하면 반드시 마차가 다니는 길을 만들었다. 자치권을 부여받은 정복지 사람들이 복종을 거부하거나 반란을 일으키면 대군을 파견하여 진압하기 위해서였다. 그 결과 남북으로는 북아프리카에서 브리타니아까지, 동서로는 에스파니아에서 지금의 튀르키에까지 로마가 정복한 지중해에 접한 모든 영토는 도로를 통해 로마로 연결되었다.

현대의 글로벌 비즈니스 조직체계와 운영방식은 로마의 제도에서 유래된 것이 많다. 생산과 영업은 현지에 자율권을 최대한 부여하면서도 내부 문제가 발생하면 즉각 감사권과 인사권을 발동하여 안정시키는 것이 그것이다. 매트릭스 보고체계의 회계조직과 인사조직은 IT 조직과 함께 현지의 말단 부서에서 본사 CEO까지 실선solid line으로 연결되어 있다. 즉 감사권을 가진 회계, 인사권을 가진 인사, 네트워크를 장악하는 IT 조직은 법무팀과 함께 CEO의 핵심 친위조직이다.

로마가 새로운 정복지에 도로를 만든 것과 같이 새로운 계열사가 인수합병되면 인수된 회사의 회계, 인사, IT 조직은 즉시 매트릭스 보고체계에 편입되어 본사의 지휘를 받는다. 생산이나 영업 등 나머지 조직은 즉각적인 변화 대신 당분간 이전 방식대로 계속 운영된다. 갑작스러운 변화로 인한 생산과 판매 충격을 최소화하기 위해서다. 인수 즉시 본사의 지휘를 받는 회계, 인사, IT 조직을 통해 현황을 세밀하게 파악하여 점진적으로 운영체계를 통합해 나간다. 합병은 1, 2년 후 비로소 완성된다.

정복지의 로마로 통하는 모든 도로는 반란이 일어나면 진압군을 파견하는 목적이었지만 외세로부터 침략을 당하면 지원군을 파견하는 데 이용되었다. 다국적 기업도 친위조직을 통해 전 세계에 흩어져 있는 조직의 지배권을 효율적으로 통제하고 관리하지만, 만약 대외적인 문제가 생기면 전문가를 파견하여 지원하기도 한다. 이에 대해 기억에서 지워지지 않는 사건이 하나 있다.

내가 1997년 50:50으로 시작된 합작회사의 지분을 2007년 미국에 추가로 20퍼센트를 양도하자 미국 본사는 합작회사의 대주주가 되고 나는 부산에서 유틸리티 설비를 제조하는 합작회사뿐 아니라 서울에 있는 'A'사의 한국 현지법인의 대표이사도 겸임했다. 나는 서울의 현지법인은 'A'사 모든 계열사의 한국 비즈니스를 총괄했는데 설립된 지 얼마 안 되다 보니 대부분의 시간을 서울에서 보냈다.

미국이 합작회사 대주주가 되고 2년도 되지 않아 리먼브라더스의 파산으로 촉발된 세계 금융위기가 발생했다. 이에 'A'사의 미국 본사에서는 구조조정을 단행했고 사장도 바뀌었다. 대주주가 된 뒤에도 점진적인 조직통합을 추진하던 이전 사장과 달리 새로 온 사장은 회사의 운영체계를 통합하고 보고체계만 결합하면 회사의 합병이 쉽게 될 줄 알고 밀어붙였다. 그러다가 여기저기에서 문제가 터지자 곧 중단했다.

2008년에는 창사 이래 최대의 실적을 기록했는데도 연초에 직원들에게 약속했던 보너스 지급을 하지 말라는 지침이 미국 본사에서 내려왔다. 그리고 2009년 급여도 동결하라는 것이었다. 물론 한국뿐만 아니라 세계 금융위기로 인한 비상경영 체제의 일환으로 전세계 모든 사업장에 내린 지침이었다. 나는 미국 본사를 방문하여 사장에게 지침을 철회해달라고 간청했으나 소용없었다. 나는 회사가 신뢰를 잃으면 핵심 인력들이 이탈할까 걱정했다. 이 사태는 정작 생각지도 못한 방향으로 번져 나갔다.

화가 난 부산의 합작회사 직원들은 2009년 상반기 노조를 설립하였다. 그것으로 그치지 않고 상급 단체에 가입하면서 때때로 산별노조*에 가입한 타사 노조원 수백 명까지 함께 몰려 와 우리 회사 내에서 기습적인 시위를 벌이기도 하였다. 결국 우리 회사의 비노조원 직원들과 타사 노조원들 간의 물리적인 충돌로 번지기도 하였다. 우리 직원들은 TV 뉴스에서나 보던 험악한 장면이 회사 내에서 일어나자 극도로 불안해했다. 매일 일어나는 회사의 상황을 사진과 함께 미국 본사에 보고하고 있었다. 마침 쌍용자동차의 노사분규가 극단적으로 치달아 CNN에서도 전 세계로 보도하던 때다. 미국 본사에서는 우리 회사의 문제를 굉장히 심각하게 생각하고 있었다. 만일 우리 직원들 중, 특히 대표이사는 말할 것도 없고 임원 중 한 명이라도 인명에 문제가 생기면 CEO조차 책임에서 자유로울 수 없었다.

회사 내 사태가 진정될 기미를 보이지 않고 점점 더 극한 상황으로 치닫자 미국 본사는 임원 두 명을 부산의 합작회사에 파견하였다. 한 명은 변호사로 노무 담당 임원이었고 또 한 명은 보안 담당 임원이었다. 보안 담당 임원은 보스니아 내전에 참전한 경험이 있는 해병대 출신이었다. 그들은 우리 회사에 오자마자 로비를 상황실로 개조하고 전 직원의 실시간 소재지와 연락처를 파악할 수 있는 상황판을 만들어 비상 연락망을 사진과 함께 설치하였다. 그러고 나서 그들은 노사분규 문제에 대해서는 자신들에게 지휘권을 이양할 것을 요구하였다. 이 문제는 자신들이 전담할 테니 나는 회사 운영에만 전념하라는 것이다.

그들은 외부 경호 인력을 고용하여 24시간 당직을 세워 무슨 일이

---

* 동일한 산업에 종사하는 근로자를 하나로 묶어 노동조합을 결성하는 것을 말한다.

생기면 언제든지 자기들에게 연락하도록 조치하였다. 노사분규 관련 지시사항이나 요청사항은 부서장들에게 직접 전달했는데 중요 사안은 사전에 내게 허락을 구했다. 그들의 노사분규 대응은 군사작전을 방불케 했다. 나로서 제일 신경 쓰인 부분은 물리적 충돌에 의한 인명피해 위험이었다. 물리적 충돌은 산별노조에 소속된 타사의 노조원들이 우리 회사 진입을 시도하는 과정에서 주로 일어났다. 보안 담당 임원은 단계적으로 상황을 설정하고 거기에 맞추어 대비책을 수립했다. 1차로 회사 정문이 뚫렸을 때, 2차로 현관이 뚫렸을 때, 3차로 대표이사 집무실이 점거당했을 때로 설정하였고 최종적으로 모든 저지선이 무너졌을 때는 옥상으로 대피하도록 했다.

쌍용 사태가 CNN을 포함한 전 세계 언론을 통해 알려지다 보니 사전에 많은 준비를 한 것 같았다. 실제로 그들이 한국에 도착하자마자 쌍용자동차가 있는 평택을 방문하여 현지답사도 했다. 사고가 발생했을 때를 대비하여 인근 병원들의 연락처를 확보하고 대피 중 심장마비가 생기는 경우도 가정하여 제세동기를 대피로 동선에 비치하도록 했다. 심지어 나를 포함한 우리 회사의 모든 임원에게 경호원과 경호 차량을 배치하여 혼자 직접 운전하지 못하도록 했다. 이 사건은 미국이 대주주가 되자 로마가 정복지에 길을 만들 듯 경영체계를 통합하는 과정에서 일어난 일이고 나중에 서로의 입장을 이해하게 되면서 잘 해결되긴 했지만 노사 모두에게 큰 상처를 남겼다.

전 세계에 사업장을 가지고 있는 다국적 기업에서는 매일 별의별 일이 다 생긴다. 그렇지만 어떤 나라에서 난생처음 이런 일을 겪는다면 총책임자가 잘 처리할 수 있을까? 그들은 여러 나라에서 많은 경험을 가진 본사의 전문가 집단, 즉 CEO의 스태프가 가장 효율적으로 대처할 수 있다고 생각했다. 이 사건은 내가 30년 넘게 사업하면서 가장 마음 아픈 기억 중 하나이다. 나는 이 일을 경험하면서 모든 길은 로마로 통한다는 의미를 곱씹게 되었다.

모든 길은 로마로 통한다. 현대의 다국적 기업에서는 매트리스 조직의 회계, 인사, IT팀의 네트워크가 곧 로마의 길이다!

# 4

# 모든 권력은 철저하게
# 분산되어 있다

20세기까지 다국적 기업의 지배구조는 로마의 공화정과 닮았다. 공화정치 제도와 같이 권력이 분산되어 있고 한 사람이 독점하는 것을 서로 견제하는 구조다.

로마는 기원전 8세기에 조그만 도시국가로 출발하여 거대한 제국을 건설하였다. 직원이 몇 명 안 되는 조그만 중소기업으로 시작해서 글로벌 대기업이 된 셈이다. 로마가 본격적으로 영토를 넓히게 된 것은 기원전 6세기에 왕을 추방하고 공화정을 수립하면서부터다. 로마 공화정은 왕이 독점하던 권력을 분산시켜 견제와 균형을 꾀했는데 군대를 지휘하거나 행정을 담당하는 집정관, 외교와 재정문제 및 집정관에 대한 자문을 담당하는 원로원, 그리고 관리 선출과 입법과 재판 및 국가 주요 정책 등을 결정하는 민회로 구성되어 있었다. 원시적인 형태의 삼권분립이다.

처음에는 귀족들만 국가 정책 결정에 참여할 수 있었지만 평민에게 참정권을 주면서 오늘날과 유사한 민주적인 정치 형태가 자리잡았다. 상원과 하원으로 나누어진 양원제 정치제도도 로마의 공화정이 그 기원이다. 내각제든 대통령제든 오늘날 많은 국가의 국가 명칭에 공화국이라는 단어가 들어가 있다. 국가권력은 국민으로부터 나온다는 의미다. 이 말을 뒤집어 이야기하면 공화정의 특징은 독점적 지배권을 가진 주인이 없다는 것이다. 모든 권력이 철저하게 분산되어 있다. 그러다 보니 이러한 기존 질서에 도전하는 자에게는 관용이 없다. 권력을 공유하는 모두에게 전방위적으로 견제를 당한다. 황제가 되려 했던 시저가 살해된 것처럼. 20세기까지 다국적 기업에는 로마 공화정 시대의 정치 유산이 많이 남아 있다. 시저형의 CEO가 없는 이유다.

우리가 일반적으로 잘 아는 기계, 에너지, 화학 등 전통산업의 다국적 기업 CEO는 대부분 수비형이다. 이사회와의 갈등을 극도로 기피하기 때문이다. 다국적 기업 CEO의 명함을 보면 직책이 사장President & CEO인 경우도 있고 회장Chairman & CEO인 경우도 있다. 전자는 이사회 의장을 다른 사람이 맡고 있어 CEO는 로마 공화정 시대 호민관의 역할과 비슷하다. 후자는 CEO가 이사회의 의장도 겸임하고 있어 경영진과 이사회 양쪽의 권한을 독점한다. 그러나 주주총회까지 장악할 수 있는 것은 아니어서 제정 로마 시대 황제의 권력에 비교하기는 다소 무리가 있다. 그래서 윤리적인 문제를 일으키거나 법과 규정을 어기면 가차 없이 쫓겨난다. 배타적 지배권을 가진 우리나라 대기업의 오너와 다른 점이다. 그렇지만 주어진 범위 내에서 권한을 행사하면 임기가 보장된다. 실적이 뒷받침되면 연임도 가능하다.

주주 구성이 수시로 바뀌다 보니 주인이 없는 다국적 기업 CEO들은 특정한 개인의 비위를 맞추거나 눈치 볼 일도 없다. 고액의 연봉과 재임 기간이 길어질수록 늘어나는 퇴직연금이 보장된 자리에서 빨리 내려오고 싶은 사람은 없을 것이다. 따라서 대박의 꿈을 좇아 모험을 하는 CEO는 드물다. 전통적인 산업 분야의 CEO 중 알려진 사람이 별로 없는 것은 이런 이유 때문이다.

앞서 말한 시저의 유형과 같은 CEO는 강력한 카리스마와 일사불란하게 통제하는 리더십을 보인다. 그러나 그 권한만큼이나 거센 저항과 도전을 받을 수밖에 없다. 시저는 8년간의 전쟁에서 갈리아(오늘날 프랑스 지방)를 정복하고 로마로 개선하였지만 내전의 위기에 처한다. 시저는 원로원의 승인 없이 갈리아를 침공하는 등 정치적 야망을 숨기지 않았다. 그러자 원로원은 공화제에 대한 심각한 도전으로 보고 견제와 압박을 가했다. 시저는 군대를 해산하고 무장을 해제한 채 로마로 귀환하라는 원로원의 명령을 어기고 루비콘강을 건넌다. 그는 진격하면서 "주사위는 던져졌다."라고 외쳤다. 루비콘강을 건너면 당시 로마의 국법을 어기는 것이고 다시 돌아올 수 없다는 것이었다. 병사들에게 배수진을 쳤다는 걸 강조한 것이다.

그는 숙원인 갈리아 지방 정복에 성공하고 사기가 오른 군대를 이

끌고 거침없이 진격하여 원로원을 제압하고 패권을 쥐었다. 그리고 "왔노라, 보았노라, 이겼노라Veni, Vidi, Vici."라고 외쳤다. 그는 로마가 더 이상의 영토를 확장하지 못한 채 현실에 안주하게 만드는 공화제의 한계를 절감하고 정치 개혁을 이루고자 했다. 그러나 그의 도전은 기득권에 대한 도전으로 받아들여졌고 위협을 느낀 귀족들의 반격으로 실패하고 만다. 하지만 그의 꿈은 나중에 양자인 옥타비아누스에 의해 이루어진다. 이 시기 동안의 시저의 행적은 중요한 기업의 인수합병을 밀어붙이다가 이사회의 반대의견에 부딪히자 스스로 회장으로 취임하려고 한 CEO를 떠올리게 한다.

시저는 로마 최초의 황제를 꿈꾸었으나 어릴 때부터 자식같이 좋아하고 아꼈던 정부인 세르빌리아의 아들 브루투스의 칼에 맞아 죽는다. 그리고 악티움해전에서 승리한 시저의 양자 옥타비아누스가 최초의 황제로 추대되면서 공화정은 막을 내린다. '존엄한 자'를 뜻하는 아우구스투스 칭호까지 받은 옥타비아누스에 의해 팍스 로마나Pax Romana*를 표방하는 본격적인 제정 로마 시대가 열린다.

역설적으로 황제인 옥타비아누스는 사실 공화주의자다. 아니, 적어도 겉으로는 거대한 야망을 오랫동안 숨겨온 공화주의자로 보인다. 우리가 일하는 조직에서도 최후의 승자는 평상시 야망을 잘 드러내지 않는다. 주인이 없는 다국적 기업에서의 권좌를 향한 도전도 마찬가지다. 평소 모두에게 친절하고 자상하다. 그렇지만 결정적인 기회가 오면 일격을 가할 줄 안다. 그렇게 한 발자국씩 정점을 향해 나

---

\*    로마의 세계 지배에 의한 평화

아간다.

　로마 최초의 황제가 되고자 했던 사람은 시저였지만 공화주의자였던 옥타비아누스에 의해 제정로마가 시작된 것은 역사의 아이러니이다. 그 역사의 아이러니는 지금도 유효하다.

# 5

# 전환기에는 빠른
# 의사결정이 중요하다

요즘 하루가 다르게 변화하는 시장 환경을 보면 로마가 공화정에서 제정으로 들어서는 시기와 비슷하다.

로마 황제와 비슷한 절대적 권한을 가진 다국적 기업 CEO가 20세기에는 드물었다. 기업 경영에 견제와 균형을 위해 권력이 분산된 로마의 공화정 체제와 비슷한 경영체계를 가지고 있었기 때문이다. 그런데 전 세계 시장이 하나로 통일되고 변화가 일상이 된 21세기 시장 환경에서 견제와 균형보다 빠른 의사결정이 중요하게 되었다. 이를 위해서는 모든 권한이 한 사람에게 집중되는 것이 유리하다. 21세기 시장 환경에서 스티브 잡스, 래리 페이지, 마크 저커버그, 제프 베이조스, 일론 머스크와 같은 시저형의 CEO가 많이 출현하는 것은 21세기 시장 환경 변화에 적응하기 위한 불가피한 선택이다. 지중해 연안에 국한되어 있던 당시 로마의 영토를 전 세계로 확장시키고 팍스 로마나를 실현하기 위해 모든 권력을 독점하는 황제가 되고 싶어했던 시저처럼.

정보통신기술 기업의 CEO들은 우리나라의 대기업 오너처럼 기업 경영에 대한 전권을 가지고 있다. 그들은 비즈니스 특성상 매일 변화하지 못하면 죽는다는 강박관념을 가지고 있다. 스타트업에서 시작한 비즈니스가 성숙단계로 접어들고 규모가 거대기업으로 커져도 추격자들에게 추월당하지 않을까 항상 불안하다. 제프 베이조스나 일론 머스크 같은 CEO가 우주 개발에 뛰어든 것도 그 때문이다. 이른바 '상승 정지 증후군'*의 증상이다. 하나의 목표를 세우고 거기에 매진해서 달성하고 종료되면 또 다른 목표가 필요하다. 그래서 연예인들처럼 대중의 인기가 필요한 시저형의 CEO들은 우리에게 이미 익숙한 사람들이 많다.

2020년 기준 세계 시가 총액 10위** 기업중 8개가 정보통신기술 기업이다. 그중 마이크로소프트를 제외한 7개가 2000년 이후에 창업되었다. 세계 시가 총액 톱 10 기업조차 창업한 지 20년이 안 되는 신생기업이다 보니 정보통신기술 기업 CEO들 중에는 창업주가 많다. 우리나라의 재벌 1세대처럼 새로운 사업 분야를 개척하는 선구

---

* 목표를 이루기 위해 열심히 달리던 사람이 더는 성취해야 할 목표가 없다고 생각하게 되는 순간 심리적으로 허무해지는 현상을 일컫는다.
** 1위부터 애플, 아람코, 마이크로소프트, 아마존, 구글, 페이스북, 텐센트, 알리바바, 테슬라, 버크셔 해서웨이 순서이다.

자들이다. 창업주가 CEO에서 물러나더라도 대주주여서 여전히 뒤에서 막강한 영향력을 행사한다. 주인이 없는 전통산업 분야의 다국적 기업에서는 보기 힘든 구조다.

정보통신기술 분야만 한정해서 보더라도 다국적 기업의 CEO 리더십이 어떻게 바뀌는지 알 수 있다. 흥미로운 것은 관련 분야의 기술이 발달하면서 시장 환경의 변화와 함께 리더십도 바뀌었다는 것이다. 20년도 안 되는 짧은 세월에 이러한 변화가 가능했던 것은 1980년대 초반에 보급되기 시작한 PC Personal Computer가 진정한 디지털 시대를 열었기 때문이다. 초기의 PC는 8비트 성능의 원시적인 수준이었지만 시간이 지날수록 엄청난 속도로 그 성능이 개선되어 정보처리 능력은 이미 오래전에 메인프레임* 시대의 대용량 컴퓨터를 훨씬 능가했다.

그 후 인터넷을 통해 전 세계의 PC가 하나의 네트워크로 연결되고 정보는 빛의 속도로 공유된다. 여기에다 모바일, 플랫폼, 클라우드, 블록체인, 인공지능AI, 메타버스 등의 파생 기술이 결합하면서 디지털 환경은 시간적, 공간적 제약을 완전히 극복하게 되었다. 이러한 디지털 환경 변화는 인류가 10년 후에 살아갈 세상이 어떤 모습인지 가늠하기 힘들 만큼 오늘도 빠르게 진화하고 있다. 그만큼 의사결정도 과거와 달리 빨라야 하고 강력한 리더십이 다시 주목받고 있다. 기업을 둘러싼 환경의 변화에 제대로 적극적으로 대응하지 못하면 생존을 걱정해야 하는 처지로 전락한다.

---

\* 　대용량의 메모리와 고속의 처리속도를 가진 멀티 유저용 대규모 컴퓨터이다.

메인프레임 시대에는 소수의 권력을 가진 자가 정보를 독점하여 부를 확대 재생산하는 것이 가능했다. 따라서 정보는 곧 돈이었다. 20세기 중반에서 후반까지 전산화의 첨병 역할을 한 메인 프레임은 대기업이나 정부 기관 혹은 대학이나 연구소 정도는 되어야 볼 수 있었다. 정보를 독점하기 위해서는 보안이 필수다. 그래서 중앙처리장치cpu와 기억장치는 메인 프레임에만 있었고 단말기에는 모니터와 키보드만 있었다. 메인 프레임에서 보내는 제한된 자료만 볼 수 있었고 정보를 저장할 수도 없었다. 스위치를 끄면 모든 것이 사라지는 그야말로 멍텅구리였다. 그래서 메인 프레임을 호스트host 컴퓨터라고 불렀고 단말기는 클라이언트client라고 불렀다. 회사와 기관은 주인이고 직원과 조직원들은 손님이라는 논리다.

그런데 이러한 패러다임은 PC가 등장하면서 급속히 무너지기 시작한다. 소수의 전문가가 운용하는 메인 프레임만으로는 갈수록 빨라지는 시장 환경 변화에 신속하게 대응할 수 없다 보니 경쟁에서 뒤질 수밖에 없다. 그래서 메인 프레임에만 있던 중앙처리장치와 기억장치를 단말기, 즉 개별 PC에도 장착하여 전사적으로 시장 환경 변화에 신속하게 대응할 수 있도록 체계를 완전히 바꾼 것이다. 직원이나 조직원 한 사람 한 사람이 업무를 할 때 실시간으로 대응하기 위해서는 웬만한 정보를 공유하는 수밖에 없다. 조직원들은 주어진 명령만 수행하는 단순한 역할에서 공유된 정보를 스스로 분석하고 가공하여 활용할 수 있게 바꿨다. 단말기의 명칭도 손님이라는 의미의 클라이언트에서 스스로 정보처리가 가능한 PC로 바뀐다. 메인 프레임의 명칭도 호스트 컴퓨터Host computer에서 서버Server로 바뀐다. 이는 인류 역사에 있어 기념비적인 패러다임의 변화다. 회사나 기관이 정보를 독점하고 군림하는 주인의 역할에서 개인이 역량을 최대로 발휘할 수 있도록 환경을 마련해주고 지원해주는 시중의 역할로 바뀐 것이다.

아이러니한 것은 현재 쓰는 PC의 아키텍처*는 메인 프레임 시장을 석권하던 IBM이 개발하여 표준이 되었다. 그러나 IBM은 PC의 시장성을 과소평가했고 다른 기업들에게 아키텍처를 공개하여 호환 기종을 생산할 수 있도록 허용했다. 그 덕분에 PC는 대중화됐고 엄청나게 커진, 시장에서 힘을 키운 경쟁자들은 급기야 IBM의 주력 사업인 메인 프레임 시장까지도 잠식하게 되었다. IBM은 죽 쒀서 개 준 꼴이 된 것을 뒤늦게 깨닫고는 IT 서비스 부문을 매각하고 클라우드와 인공지능에 집중하며 시장 탈환을 위해 와신상담하고 있다. 그렇지만 스스로 탄생시킨 공룡기업들이 지배권을 가지고 있는 현재의 시장에서 옛날의 영광을 되찾기는 쉽지 않아 보인다.

경영학 교과서에 지난 100년 동안 최악의 경영사례 10개 중 하나로 기록된다. 이 사건은 역설적으로 디지털 시대의 도래를 훨씬 앞당기게 된다. 이에 대한 나비효과는 엄청나서 이제 입출금을 하기 위해 은행에 갈 일도 없고 서류를 떼러 관공서에 갈 일도 없다. 요즘은 아바타까지 등장하여 사이버 공간이 현실 세계에 가깝게 다가오고 있다. 20년 전에는 상상도 못 했던 일이지만 매일매일 일어나는 변화

---

\*    하드웨어와 소프트웨어를 포함한 시스템 전체의 설계 방식

를 좇아가기 바쁘다 보니 느끼지 못했을 뿐이다. 이런 변화는 비단 사회 문화와 개인의 일상에서 그치지 않는다. CEO의 리더십 혹은 자격과 관련해서도 새로운 기준을 요구한다.

경험하지 못한 변화가 일상이 되는 시대에는 노련한 경험을 가진 사람들의 중지보다 통찰력을 가진 리더의 직관력이 더 유리할 수 있다. 급속한 환경 변화에 신속하게 대응하는 데도 유리하다. 우리는 이러한 환경에서 기업이든 국가든 점점 더 많은 시저형의 지도자가 출현하는 것을 보게 될 것이다. 그들은 자신이나 국가 혹은 기업에 도움이 된다면 기존 질서를 허무는 데 주저하지 않는다. 그러나 효율이 커지는 만큼 리스크도 커지게 되는 것은 불가피하다.

# 6

# 피라미드가 아닌
# 매트릭스로 보고한다

서양의 문화는 쪼개고 밀어내는 데 익숙하고 우리의 문화는 합치고 당기는 데 익숙하다. 축구, 야구, 복싱, 코스요리가 전자이고 씨름과 팔씨름, 줄다리기, 비빔밥이 후자이다. 우리 문화는 모르는 사람도 처음 만나 몇 살이냐, 고향이 어디냐, 어느 학교 졸업했냐 물어보다 아래위가 구분되고 조금이라도 공통점을 발견하면 바로 언니, 누나, 이모, 형님, 삼촌으로 부르며 오랫동안 알고 지낸 것처럼 친숙 모드로 돌입한다. 이름은 남들이 부르라고 만든 것이지만 아랫사람은 부를 수 없다. 윗사람만이 부를 수 있다. 같은 학교를 졸업했거나 고향만 같아도 넓은 의미로 한 가족이니 힘을 합쳐야 한다는 것이다. 심지어 골프장에서 처음 만난 캐디도 '언니'로 부른다. 그래서 전국에 흩어져 살아도 무슨 무슨 향우회가 그렇게도 많다.

반면에 미국 사람들은 전 세계에서 이민 온 사람들로 만들어진 나라지만 모두가 그냥 미국인이다. 테슬라의 CEO 일론 머스크는 남아프리카공화국에서 태어나 성인이 되어 캐나다를 거쳐 미국에 정착했다. 하지만 아무도 그를 남아공인이라고 부르지 않는다. 당대에 이민으로 온 사람도 관심이 없는데 하물며 몇 대를 지난 경우에는 말할 것도 없다. 그냥 모두가 다 미국인이다. 그들은 일할 때도 자신의 분야 외는 잘 간섭하지 않는다. 신분을 뛰어넘을 수 없는 봉건 시대에는 출세할 유일한 방법은 마이스터, 즉 전문가가 되는 길 말고는 없었다. 그러다 보니 그러한 DNA가 지금도 그들에게 새겨져 있다. 그러한 문화를 기업조직에 잘 반영하는 것이 다국적 기업의 매트릭스 조직이다.

기업의 매트릭스 조직은 원래 군대 조직을 벤치마킹한 것이다. 이는 보고체계가 직무별로 모두 분리되어 있고 두 개의 조직구조를 포개어 놓은 것과 같은 시스템이다. 각국의 직무별 책임자는 자기가 속한 단위 사업장의 직속상관 외 아시아 혹은 본사의 글로벌 직무 책임자에게 보고하는 시스템이다. 예를 들면 한국의 생산책임자는 국내의 공장장에게 보고함과 동시에 아시아 혹은 글로벌 생산 및 지원부서Operation team 책임자에게도 보고한다. 판매 및 지원조직Commercial team, 인사, 회계 등의 직무도 마찬가지다. 이러한 구조에서는 전통적인 피라미드식 보고체계는 무시되고 한 개인이 두 직속상관의 지시를 받으며 보고하게 된다. 보고체계가 다원화되어 있고 최고경영층에서는 다른 시각을 가진 두 라인 이상으로부터 보고받음으로써 이견이 있을 때마다 '견제와 균형'이라는 시스템이 자동으로 작동하는 것이 큰 장점이다. 그렇지만 본사 조직 아래 각국의 계열사나 단위 사업장의 실무선에는 주로 부서 내에서만 보고가 이루어진다.

이렇게 전문성이 강조되는 조직 운영 특성 때문에 다국적 기업의 CEO나 사장의 역량은 사업의 성공을 위한 절대적인 조건이다. 같은 매트릭스 조직이라 하더라도 각 팀의 조직원들이 각자의 전문성과 자율성을 바탕으로 역량을 최대한 발휘할 수 있도록 하면서 공동의 목표를 위해 일사불란하게 움직일 수 있도록 하는 것이 바로 리더의 역량이다. 이는 리더의 통찰력과 리더십에서 나오는데 상명하복의 우리 문화와는 다르다. 가령 우리나라 대학은 한 가지만 잘해도 특례 입학할 수 있는 반면 미국의 아이비리그 대학은 SAT 만점을 받아도 리더십이 없으면 떨어진다. 대신 운동특기생은 개인종목보다 단체종목 출신을 선호하는데 그중에서 주장 경력이 있으면 최대의 가산점이 주어진다.

나는 지난 24년 동안 3명의 CEO와 12명의 사장을 거쳤다. 그중 최고라고 꼽을 만한 리더도 있었고 최악이라는 점수를 주고 싶은 리더도 있었다. 리더의 역량이 회사의 실적에 어떤 영향을 미치는지 두 극단적인 예를 목격하였다. 매년 사업계획을 수립할 때 직무 조직별로 핵심성과지표KPI, Key Performance Index의 목표치를 설정하고 월별, 분기별로 성과를 측정한다. 판매 및 그 지원 조직은 판매량으로 핵심성과지표가 계산되고 생산 및 그 지원 조직은 생산성으로 계산되는데 재고량이 많으면 이 지표가 나빠진다.

그래서 판매 및 그 지원 조직 부사장VP*은 충분한 재고가 있어야 판매를 올릴 수 있으니 최대한 재고를 많이 가져가려 하고 생산 및 그 지원 조직 부사장은 '재고는 현금을 갉아먹는 악이다.'라는 신념 아래 최대한 줄이려고 애를 쓴다. 특히 결산을 앞둔 시점에는 전사적으로 연말 재고를 줄이다 보니 9월부터 한국 공장에는 일이 없어 고생한다. 올해의 재고로 잡히기 때문에 운송 기간을 고려해 미리부터 오더를 줄인 탓이다.

그러다 연말부터는 판매 및 그 지원 조직은 부족한 재고를 메우기 위해 대량 발주하여 오더가 폭주한다. 연말에 선적하면 미국에서는 내년 재고로 잡히기 때문이다. 그러다 보니 월별 생산량 기복이 엄청 심하고 인력과 재고 등 자원의 낭비도 컸다. 재고 과잉과 재고 부족이 매년 되풀이되지만 해결되지 않았다. 재고를 줄이려는 생산 및 그 지원 조직과 재고를 늘리려는 판매 및 그 지원 조직의 상반된 입장을 사장이 제대로 조율하지 못하니 소중한 자원과 영업 기회가 여기저기서 새어 나간다. 이는 매트릭스 조직의 치명적인 약점이다.

이 문제를 해결하기 위해 사장이 나섰다. 모두의 입장을 청취하여 상대방의 입장을 이해하도록 하고 모두의 양보를 조금씩 얻어내 해결했다. 비수기 때 미국에서 다소의 과잉 재고를 가져가더라도 한국의 생산량을 어느 정도 일정하게 유지할 수 있도록 하고, 한국 공장도 갑작스러운 수요증가에 대비해 어느 정도 여분의 인력과 자재 재

---

*     Vice President

고를 가져가도록 하여 문제를 해결했다. 과잉 재고를 최소화하기 위해 모두가 판매계획을 지켜보고 있으니 판매 및 그 지원 조직도 치밀하게 짜지 않을 수 없었다. 결과적으로는 모두가 만족하는 결과를 얻을 수 있었다.

그런데 CEO가 바뀌면서 사장, 판매 및 그 지원 조직, 생산 및 그 지원 조직 모두 바뀌게 되자 모든 상황이 예전으로 돌아갔다. 판매 및 그 지원 조직은 판매를 늘리기 위해 정확한 판매 예측 없이 오더를 내렸고 생산 및 그 지원 조직은 무조건 재고를 줄이다 보니 판매가 안 되는 제품은 쌓여 있고 잘되는 제품은 항상 재고 부족이다. 예전의 고질병이 다시 재발한 것이다. CEO나 사장의 역량이 얼마나 중요한지 알게 하는 대목이다.

다음은 매출이 5조 원 정도 되는 미국에 본사를 둔 다국적 기업의 매트릭스 조직이다. 사업부 명칭과 조직구조는 이해를 돕기 위해 변경한 부분도 있다. 이 기업은 주로 인수합병을 통해 사업을 키워왔다. 인수한 기업들은 생산제품에 따라 분류되어 유체기계, 발전 설비, 일반 산업 설비, 자동차 진단 설비의 4개의 사업부로 편성되어 있다. 각 사업부는 세그먼트* 사장이 독립적인 조직을 거느리고 거의 별개의 회사처럼 경영한다.

앞에 설명했듯이 직무별 보고체계와 사업부별 보고체계가 포개져 있다. 그런데 세그먼트 부사장은 세그먼트 사장에게 보고함과 동시에 코퍼레이트 부사장에게도 보고한다. 직속상관인 세그먼트 사

---

* 　사업부를 뜻하며 회사에 따라 그룹으로 부르는 경우도 있다.

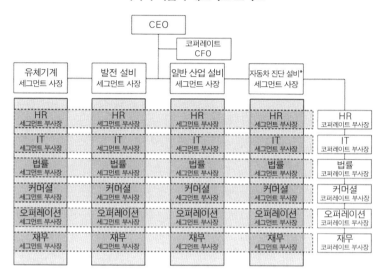

**다국적 기업의 매트릭스 조직도**

장은 실선 보스<sub>solid line boss</sub>이고 직무 상관인 코퍼레이트 부사장을 점선 보스<sub>dotted line boss</sub>라고 부른다. 사업 특성에 따라 실선 보스와 점선 보스가 아래와 거꾸로 된 경우도 많지만 인사권은 항상 실선 보스에게 있다. CEO는 두 라인의 스태프, 즉 사업부별 총책임자인 세그먼트 사장들과 직무별 최고책임자인 코퍼레이트 부사장들로부터 매트릭스로 보고를 받는다.

다음은 조직 개편 후 새로 생긴 식음료 설비 사업부의 하부조직이다. 단위 사업부서<sub>division</sub>는 단위 사업부서 사장<sub>Division President</sub>이 독립적인 조직을 거느리고 경영한다. 이 사업부의 경우에는 자사에서 제조, 판매하는 설비가 생산하는 제품의 종류에 따라 유제품 생산 설비, 가공식품 생산 설비, 유지乳脂 생산 설비 3개의 사업부로 분리되어 있

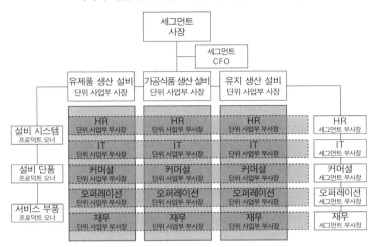

**다국적 기업의 세그먼트 대표 매트릭스 보고 체계**

다. 시장의 전문성을 확보하기 위함이다. 조직이 작을 경우 법률이나 IT 등의 직무 책임자는 코퍼레이트 아래 레벨에는 없는 경우도 있다. 단위 사업부 부사장Division VP은 실선 보스인 단위 사업부 사장과 점선 보스인 세그먼트 부사장에게도 보고하고, 세그먼트 사장은 단위 사업부 사장들과 세그먼트 부사장들로부터 매트릭스로 보고를 받는다. 경우에 따라서는 3개의 단위 사업부에서 생산하는 설비들을 제품 특성별로 묶어 각 책임자product owner를 따로 두기도 한다. 제품의 전문성을 확보하기 위해서다. 이 경우 세그먼트 사장은 세 라인의 스태프로부터 보고받는다.

보통의 경우 CEO의 스태프인 코퍼레이트 부사장도 업무 카테고리에 따라 휘하 팀별 스태프를 두고 지시하고 보고받는다. 아래는 IT 코퍼레이트 부사장의 조직이다. 어플리케이션은 소프트웨어, 인프

**IT 코퍼레이트 부사장 휘하 조직도**

라는 하드웨어, 시큐리티는 보안을 담당하는 IT 조직 내부 팀인데 조
직이 큰 경우 이사Director 휘하에도 프로그램이나 설비의 종류별로 담
당을 따로 두기도 한다.

다음은 직무별 보고체계와 지역별 보고체계가 포개진 매트릭스
조직이다. 이는 위의 회사가 인수합병으로 흡수 합병되는 회사가 늘
어나자 통합에 필요한 비용을 줄이고 프로세스를 간편하게 하기 위
해 단위 사업부별 구조divisional structure에서 지역별 구조regional structure로
변경하였던 경우다. 모든 계열사와 단위 사업장이 본사에 보고하다
규모가 커지자 아시아 태평양, 미주, 유럽·중동··아프리카 등 3개의
지역 본부를 두고 보고를 경유하게 한 것이다. 여기에서 보듯이 매트
릭스 조직이라 해서 다 같은 것이 아니고 회사마다 사업 환경에 맞게
차별화되어 구축되어 있다. 사업 환경이 변하면 매트릭스 조직도 수
시로 변경한다.

매트릭스 조직은 보고체계가 직무별로 모두 분리되어 있어 모든
부서가 함께 모여 회의를 하는 경우는 사장이나 CEO가 주관하는
회의뿐이다. 그렇다 보니 그들의 스태프인 본사 각 업무 부서의 최고

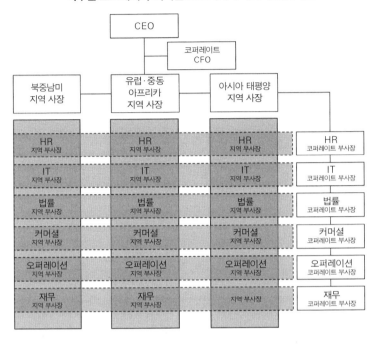

**직무별 보고체계와 지역별 보고체계의 매트릭스 조직도**

책임자들의 권한은 막강하다. 그들은 각 분야의 전문가라는 인식이 강해 사장이나 CEO조차도 업무에 간섭하는 경우가 별로 없다. 따라서 스태프들이 놓친 문제점을 제대로 파악하여 조율하지 못하면 사고가 생기기 쉽다.

특히 스태프가 자주 바뀌는 조직에서는 실무 파악이 제대로 되지 않다 보니 회색지대gray zone가 많이 발생한다. 이러한 허점은 거래하는 상대 회사의 입장에서는 다툼이나 협상을 할 때 좋은 기회가 된다. 그래서 다국적 기업이 어떤 조직체계에 의해 운영되고 어떤 프로세스에 의해 의사결정이 이루어지는지 잘 파악하면 거래할 때 좋은 결과를 얻을 수 있다. 항상 프로세스대로 움직이면 우리가 어떤 결정을 내리거나 조치를 할 때 어떻게 반응하고 대응할지 대부분 예측이 가능하기 때문이다.

이러한 조직 운영체계나 업무처리 프로세스는 그들만의 오랜 문화적인 배경과 관련이 깊다. 그러다 보니 우리의 상식에서는 이해가 가지 않는 것도 많다. 그들을 상대할 때 막연한 예상이나 근거 없는 추측만으로 일하다 보면 뜻밖의 반응이나 대응으로 난감한 경우에 처할 수도 있다.

4장

# 다국적 기업의
# 보상체계를
# 이용하라

# 1

# 현금은 왕이고 이익은 여왕이다

다국적 기업에서 이익이 아무리 많이 나도 현금이 늘지 않으면 보너스가 없거나 적다. 우리나라의 경영체제처럼 경영에 참여하는 오너가 없다 보니 주주는 투자만 하고 경영은 전문경영인이 한다. 전문경영인의 경영 방식이나 기업 성과가 마음에 들지 않으면 주주는 언제든지 떠나기 때문에 주주 구성은 수시로 바뀐다. 한때는 내가 근무했던 회사 주식의 40퍼센트를 헤지펀드 회사가 소유한 적도 있었지만 지금은 3퍼센트도 안 된다. 이렇게 주주가 수시로 바뀌다 보니 지시를 받는 특정한 오너가 없다. 경영진은 특별한 과오가 없으면 눈치를 보지 않고 소신껏 일할 수 있는 것이다.

주주와 경영진 공통의 목표는 회사의 이익이다. 그런데 궁극적으로는 주가가 올라야 주주는 이익을 실현할 수 있고 경영진도 실적에 따른 성과급 외 스톡옵션을 행사할 수 있다. 따라서 주가는 이익 못지않게 중요하다. 대개 주가는 이익이 많이 나면 오르게 마련이다. 하지만 꼭 그렇지는 않다. 주가는 이익 외에도 주식시장의 수급 환경, 거시경제 환경, 회사의 주된 사업장이 소재한 국가의 상황 등 외부의 영향을 받기 때문이다.

이익은 영업이익과 특별이익으로 나누어진다. 영업이익은 제품의 생산과 판매를 통한 정상적인 기업 활동의 결과로 얻어지는 이익이고 특별이익은 이자수입이나 자산가격의 상승으로 얻은 자본이익이다. 고도성장기에는 부동산 수요가 늘고 가격 상승으로 이어진다. 그동안 부동산을 통한 자산증식은 우리나라 기업 성장에 큰 역할을 하였다. 영업이익보다 자본이익이 더 많은 회사도 많았다. 다시 말하면 정상적인 기업 활동으로 얻어지는 영업이익 구조가 다소 경쟁력이 떨어지더라도 자본투자를 잘하면 큰 어려움이 없이 성장할 수 있었다. 그러다 보니 우리나라의 기업 중에는 아직도 기회가 있을 때마다 공격적으로 자본투자를 하는 회사가 더러 있다. 물론 성장이 더디어지면서 기회는 점점 줄어들고 있지만 말이다.

다국적 기업은 영업활동을 하기 위해 불가피한 경우가 아니면 부동산에 투자하는 경우가 거의 없다. 고도성장을 통한 부동산 가격 상승이 기대하기 힘든 것도 있지만 실제는 구조적인 이유가 있다. 많은 사람이 다국적 기업이 한국에 진출할 때 공장이나 사무실 등의 부동산을 매입하지 않고 임대하거나, 심지어 설비도 직접 구매하기보다

리스를 선호하는 것에 대해 오해하고 있는 경우를 많이 본다. 우리나라에서 부동산은 사기만 하면 오르는데도 불구하고 외국 기업이 임대를 선호하는 것은 언제든지 손쉽게 철수할 수 있도록 하기 위해서라고 생각하는데 사실이 아니다. 손익계산서상 영업이익 아래에 표시되는 특별이익은 CEO를 포함한 경영진과 직원들의 성과에서 제외되는 것이 진짜 이유다. 자본투자로 현금이 줄어들면 영업이익의 가중치가 줄어들어 CEO를 포함한 전 직원의 보너스가 줄어드는 것도 또 하나의 이유다.

특별이익은 손익계산서상 영업이익과 합산되어 세전 이익이 되고 세금을 공제하고 나면 당기순이익이 된다. 다음의 손익계산서의 예를 살펴보자. OP 라인(손익계산서상 영업이익이 표시되는 줄) 다음의 손익은 경영 성과와는 전혀 상관없는 항목임을 쉽게 알 수 있다. 따라서 당기순이익은 성과급의 지표가 되지 않기 때문에 소위 OP 라인 아래는 경영진 누구도 별 관심이 없다. 공장 부지를 사면 2~3년 후에 가격이 두 배가 된다 해도 관심이 없다. 자신의 보너스와 상관이 없을 뿐더러 2~3년 후에 자신이 이 회사에 남아 있을지, 감원 대상이 될지, 더 좋은 회사로 옮길지 자신도 알 수 없기 때문이다.

스톡옵션을 받는 경영진이나 주주는 주가에 의해 이익이 실현되지만 경영진을 포함한 전 직원의 보너스를 최대화하기 위해서는 영업이익뿐만 아니라 현금흐름도 함께 늘어나야 한다. 영업이익이 늘면 현금이 늘어나는 것이 당연하다고 생각하겠지만 꼭 그렇지 않다. 매출을 늘리고 원가를 줄이면 영업이익은 늘어나겠지만 현금 흐름

## 다국적 기업의 손익계산서 사례

손익계산서의 예

(기준: 천 달러)

| | |
|---|---:|
| 매출액 | 100,000 |
| 매출원가 | 70,000 |
| **매출이익** | **30,000** |
| | |
| 판매관리비 | |
| 급여 | 10,000 |
| 임대료 | 2,500 |
| 수도, 가스, 전기 등 | 500 |
| 감가상각 | 1,000 |
| 기타 | 1,000 |
| **총 관리비** | **15,000** |
| **영업이익** | **15,000** ◀ OP 라인 |
| 이자비용 | 4,000 |
| 이자수익 | 500 |
| 자본이익 | 500 |
| **세전이익** | **12,000** |
| 세금 | 2,000 |
| **당기순이익** | **10,000** |

은 매출을 늘리되 최대한 외상매출금을 줄이고 자본투자를 최소화
해야만 늘어난다.

보너스를 계산하는 보너스 계획bonus plan은 보너스 매트릭스bonus

## 보너스 매트릭스 사례

| 현금흐름목표 %\OP 타깃 % | 70 | 80 | 90 | 100 | 110 | 120 | 130 | 140 | 150 |
|---|---|---|---|---|---|---|---|---|---|
| 150 | 1.0 | 1.1 | 1.2 | 1.25 | 1.3 | 1.35 | 1.4 | 1.45 | 1.5 |
| 140 | 0.9 | 1.0 | 1.1 | 1.25 | 1.2 | 1.3 | 1.35 | 1.4 | 1.45 |
| 130 | 0.8 | 0.9 | 1.0 | 1.1 | 1.15 | 1.25 | 1.3 | 1.35 | 1.4 |
| 120 | 0.7 | 0.8 | 0.9 | 1.0 | 1.1 | 1.2 | 1.25 | 1.3 | 1.35 |
| 110 | 0.6 | 0.7 | 0.8 | 0.9 | 1.0 | 1.1 | 1.2 | 1.25 | 1.3 |
| 100 | 0.5 | 0.55 | 0.7 | 0.8 | 0.9 | 1.0 | 1.1 | 1.2 | 1.25 |
| 90 | 0.3 | 0.4 | 0.55 | 0.7 | 0.8 | 0.9 | 1.0 | 1.15 | 1.2 |
| 80 | 0.15 | 0.35 | 0.4 | 0.6 | 0.7 | 0.8 | 0.9 | 1.0 | 1.1 |
| 70 | 0 | 0.1 | 0.3 | 0.5 | 0.6 | 0.7 | 0.8 | 0.9 | 1.0 |

matrix와 직급별 가중치로 구성되며 통상 연초에 전 직원들에게 공지된다. 다음은 일반적인 보너스 매트릭스의 한 예인데 현금화된 영업이익에 가중치를 주기 위한 것이다. 이에 따라 목표 보너스액의 몇 퍼센트를 지급할 건지 결정된다. 목표 보너스액은 보통 연봉과 직급별 가중치를 곱하여 결정된다.

예를 들어 영업이익은 120퍼센트 달성했지만 현금 흐름은 90퍼센트라고 가정하자. 쉽게 말해서 영업이익은 120억 원이 났는데 현금은 90억 원밖에 늘어나지 않았다면 보너스는 다음과 같다. 연봉이 7만 달러이고 목표 보너스액이 연봉의 10퍼센트인 직원이 있다고 가정하면 총 보너스액은 7만 달러×0.1×0.9, 즉 6,300달러가 된다. 연봉이 20만 달러인 임원이 있고 임원의 가중치가 30퍼센트이면 이 임원의 보너스액은 20만 달러×0.3×0.9, 즉 5만 4,000달러가 된다. 그런데 이 임원은 위의 직원에 비해 기본급은 3배가 안 되지만 동일한 실적에 대해서 8배가 넘는 보너스를 받는다. 여기에다 스톡옵션까지 받는 임원이면 총성과급의 격차는 훨씬 커진다.

우리에게 이름이 익숙한 다국적 기업의 CEO 연봉이 수천만 달러라 하더라도 기본급은 대부분 100만 달러 남짓이고 나머지는 모두 스톡옵션과 보너스다. 다국적 기업에서 CEO를 포함한 경영진이 보너스에 올인하는 이유가 여기에 있다. 실적에 따라 100만 달러만 받을 수도 있고 수천만 달러를 받을 수도 있기 때문이다. 이에 대해서는 뒤에 나오는 '다국적 기업의 보상체계'에서 자세히 설명하겠다. 스톡옵션과 보너스 두 마리 토끼를 쫓아야 하는 CEO는 영업이익과 현금흐름을 최대화하고 주가를 올리기 위해 최선을 다한다. 자신의 성과급을 최대화하는 방법이기 때문이다. CEO의 가중치는 워낙 높다 보니 최대 보수액은 이사회의 승인을 요구하는 경우가 많다.

주가도 CEO를 포함한 경영진에게는 굉장히 중요하다. 스톡옵션 행사를 통한 성과급을 최대로 만들기 위해서는 주가를 올려야 한다. 주가는 기본적으로 이익이 뒷받침되어야 하지만 그게 전부는 아니다. 외부 환경은 어쩔 수 없더라도 시장과 긴밀하게 소통하며 주가를 관리해야 한다. 만일 주가가 저평가되면 스톡옵션을 통한 성과급도 손해를 보지만 적대적 인수합병의 타깃이 되기 때문에 소홀히 할 수 없는 부분이다. IMF 외환위기 때 외환은행을 인수한 론스타를 많은 사람이 알고 있다. 당시 많은 국내기업이 유동성 위기 때문에 저평가되어 적대적 인수합병을 통해 외국자본에 넘어간 일을 기억할 것이다. 이와 같은 일은 외환위기와 같은 특수한 상황이 아니더라도 글로벌 자본시장에서 주가 관리를 잘못하면 언제든지 일어날 수 있다.

아무튼 주가를 관리하기 위해서는 미래 비전과 함께 시장과 소통하기 위한 성장계획을 꾸준히 내놓아야 하는데 고정자산에 현금이 묶이는 것은 피해야 한다. 왜? 내 보너스가 줄어드니까. 자본투자에 묶이는 현금을 줄이기 위해서는 사람을 뽑고 공장을 짓는 대신 인수합병을 선호한다. 계획 실행에 필요한 인적, 물적 자원을 단기간에 확보할 수 있고 현금도 따라오기 때문이다.

다국적 기업의 이러한 운영방식을 잘 이해하면 협상할 때 어떤 논리로 접근해야 할지 전략을 세울 수 있다. 자본투자가 필요한 거래는 내일 당장 가격이 배로 오른다고 해도 성사되기 힘들다. 반드시 성사시켜야 한다면 단기간에 투자된 자금보다 더 큰 영업이익을 실현할 수 있다는 객관적인 자료가 필요하다. 그렇지 않다면 포기해야 한다. 자산가치의 상승은 협상 당사자인 개인이나 경영진의 이익에는 전혀 도움이 되지 않기 때문이다. 주주에게는 이익이 되는 것은 맞지만 자산가치 상승으로 인한 이익이 귀속될 주주는 수시로 바뀐다. 다국적 기업에서는 소유와 경영이 분리되고 있다 보니 전문경영인의 경영 방식이나 기업 성과가 마음에 들지 않으면 주주는 언제든지 떠나기 때문이다.

결론적으로 다국적 기업과의 성공적인 거래를 위해서는 상대방 회사의 이익보다 협상 당사자 개인의 이익에 초점을 맞추는 것이 필요하다. 상대방 회사의 이익이 협상 당사자의 개인적 이익의 전부가 아니기 때문이다. 독점적 지배권을 가진 주주, 즉 오너의 이익에 초점이 맞추어진 우리나라의 경영체제에 익숙한 실무자들이 놓치기 쉬운 부분이다.

이제 부동산과 같은 자산가치 상승은 협상의 지렛대가 될 수 없음을 이해했을 것이다. 또 다른 예는 재고를 많이 안으면 가격을 깎아주겠다는 유혹도 어지간해서는 통하지 않는다. 고정자산뿐 아니라 유동자산에 묶이는 현금도 최소화해야 보너스를 손해보지 않기 때문이다. 따라서 그들과 협상 시 판매 확대, 영업이익 개선, 현금흐름 개선, 주가 상승에 도움이 된다면 협상은 쉽게 풀어나갈 수 있다. 예를 들어 자금에 여유가 있어 선수금을 많이 줄 수 있다면 협상을 유리하게 끌고 나갈 수 있다. 이러한 전략은 기브 앤 테이크 방식으로 구사하면 효과적이다. 협상 상대방의 개인적인 이익, 즉 진급이나 성과급에 도움이 되는 제안을 하고 나는 회사의 이익에 도움이 되는 반대급부를 받는 것이다. 이 경우 10을 주고 100을 받는 것도 가능하다.

상대방의 개인적인 이해관계를 잘 파악할수록 효과적으로 전략을 구사할 수 있다. 다만 이 경우 법이나 규정을 벗어난 제안이나 반대급부 요구는 절대 금물이다. 모든 협상은 법과 규정의 테두리 내에서 이루어져야 한다.

현금은 왕이고 이익은 여왕이다cash is king, profit is queen.

# 2

# 2퍼센트 차이로
# 보상체계가 달라진다

마이클 조던의 현역 때 연봉은 9,000만 달러 정도였다. 그런데 NBA에서 뛰다가 전성기를 지나 한국에 온 미국 선수는 40~50만 달러를 받는다. 그들과 마이클 조던의 기량 차이는 불과 2퍼센트다. 덩크슛이나 3점 슛 등 플레이하는 모습을 멀리서 보면 마이클 조던 과 구분되지 않을 정도로 잘한다. 마이클 조던의 기량을 100퍼센트 로 보았을 때 98퍼센트의 기량을 가진 선수는 넘친다. 그런데 개인 을 슈퍼스타로 만들고 팀을 우승시키는 2퍼센트를 채운 선수는 극 히 드물다. 이 2퍼센트의 기량을 가진 극소수의 선수가 관중을 몰고 다니고 열광하게 한다. 스폰서가 줄을 서게 되고 구단주는 수백만에 서 수천만 달러의 연봉을 준다. 그래도 남는 장사이기 때문이다.

## IBM CEO의 연봉 내역

급여 요약표

| | (기준: 달러) |
|---|---|
| 보너스 및 주식 외 인센티브 | 3,455,813 |
| 연봉 | 1,173,864 |
| 주식 인센티브 | 22,418,228 |
| 기타 | 130,562 |
| 총합계 | 27,178,467 |

IBM의 사장인 짐 화이트허스트는 총 27,178,467달러의 급여를 받았습니다.
총 급여 중 1,173,864달러는 연봉으로 22,418,228달러를 보너스 및 주식
외 인센티브로, 3,456,813달러는 주식 인센티브로, 130,562달러는 기타
수당으로 받았습니다.
본 정보는 2020년 회계연도에 제출된 주주총회 의사록을 기반으로 작성되
었습니다.

다국적 기업의 급여 체계는 연봉제이다. 매년 실적에 따라 지급하
는 성과급 체계는 우리나라 성과급에 익숙한 사람은 이해하기 힘들
다. 다음은 우리에게 익숙한 IBM, 마이크로소프트, 넷플릭스 세 기
업의 CEO들 연봉 내역이다. 마이크로소프트의 사티아 나델라와 넷
플릭스의 리드 헤이스팅스는 아직 현역이다. 참고로 미국 다국적 기
업의 등기 임원의 연봉 내역은 공시해야 할 의무가 있으므로 현역이
면 구글링만 하면 누구든지 알 수 있다.

우리나라의 기업에서는 임원을 제외한 나머지 직원들의 기본급
대비 성과급의 비율이 대부분 같지만 직급이 올라갈수록 기본급이
높아지기 때문에 성과급의 금액도 높아진다. 그렇지만 다국적 기업
의 기본급 대비 성과급의 비율은 직급별로 다르다. 직급이 올라가면

# 마이크로소프트 CEO의 연봉 내역

## 급여 요약표

| | (기준: 달러) |
|---|---|
| 보너스 및 주식 외 인센티브 | 10,992,000 |
| 연봉 | 2,500,000 |
| 주식 인센티브 | 30,718,608 |
| 기타 | 111,180 |
| 총합계 | 44,321,788 |

마이크로소프트사의 CEO 사티아 나델라는 총 44,321,788달러의 급여
를 받았습니다.
총 급여 중 2,500,000달러는 연봉으로, 10,992,000달러는 보너스 및
주식 외 인센티브로, 30,718,608달러는 주식 인센티브로 수령하였으며
111,180달러는 기타 수당으로 받았습니다.
본 정보는 2020년 회계연도에 제출된 주주총회 의사록을 기반으로 작성
되었습니다.

# 넷플릭스 CEO의 연봉 내역

## 급여 요약표

| | (기준: 달러) |
|---|---|
| 연봉 | 650,000 |
| 스톡 옵션 | 42,428,878 |
| 기타 | 147,146 |
| 총합계 | 43,226,024 |

넷플릭스의 공동 CEO이자 사장이자 이사회 의장인 리드 헤이스팅스는 총
43,226,024달러의 급여를 받았습니다.
총 급여 중 650,000달러는 연봉으로, 42,428,878달러는 스톡 옵션으로,
147,146달러는 기타 수당으로 받았습니다.
본 정보는 2020년 회계연도에 제출된 주주총회 의사록을 기반으로 작성되
었습니다.

이 비율도 올라간다.

　내가 근무했던 회사는 목표를 달성했을 때 지급되는 기본급 대비 성과급 비율이 현장직과 하급 사무직은 5퍼센트, 중간관리자는 10퍼센트, 본사 매니저나 로컬 임원은 15퍼센트, 본사 임원(사장과 CEO)의 스태프는 20~30퍼센트이고 여기에 스톡옵션까지 추가되었다. 능력을 인정받으면 진급을 할 수 있으니 능력 발휘에 모든 것을 쏟아부으라는 얘기다. 직급이 올라가면 기본급뿐만 아니라 기본급 대비 성과급의 비율까지 올라가기 때문에 급여총액은 가파르게 늘어난다. 그들이 진급에 올인하는 이유이며 냉혹한 정글의 법칙의 일면이다.

　성과급 계산을 위한 실적목표는 전사적으로 같을 수도 있고 사업부별로 달리 책정할 수도 있다. 그렇지만 영업부 직원들의 성과급 체계는 대개 별개로 운영된다. 판매실적에 따라 개인별로 차등 지급되는데 통상 목표를 달성했을 때 여타부서 직원들의 성과급보다 훨씬 높다. CEO 같은 경우 퇴직 후 지급할 고액의 연금을 매년 적립해주기도 한다. 퇴직 후에도 연금을 지급할 테니 퇴임 후는 걱정하지 말고 재임 중에 일에만 전념하라는 취지다.

　다음은 매출이 50억 달러 정도 되는 미국의 한 다국적 기업 CEO의 급여 명세이다. 이 CEO의 기본급은 100만 달러 조금 넘지만 퇴직적립금, 주식 외 인센티브, 당해 행사한 스톡옵션, 그리고 기타 보상금을 합해서 한 해에 1,000만 달러가 넘는 보수를 지급받거나 적립하였다. 주식 외 인센티브란 위에서 설명한 연간 실적에 따라 직급

## 매출 50억 달러 규모 다국적 기업의 CEO 급여 명세

**급여 요약표**

| | (기준: 달러) |
|---|---|
| 연금가치변화 및 비과세 이연 급여 | 3,864,353 |
| 주식 외 인센티브 | 444,597 |
| 연봉 | 1,105,250 |
| 주식 인센티브 | 4,706,700 |
| 기타 | 466,800 |
| 총합계 | 10,569,700 |

CEO ○○○은 총 급여의 45%인 4,706,700달러를 주식 인센티브로 받았습니다.
○○○은 또한 3,846,353달러를 연금가치변화 및 비과세 이연 급여로, 446,800달러는 주식 외 인센티브로, 1,105,250달러는 연봉으로, 466,800달러는 기타 수당으로 받았습니다.

별로 차등 지급하는 성과급이다.

모든 직원에게는 매 분기 실적 발표 때마다 연말 결산 후 지급될 성과급 예상액을 발표하며 목표 달성을 독려한다. 성과급은 모든 직원의 최고 관심사이다 보니 예상치를 미리 공지하여 연말까지 최대의 실적을 올릴 수 있도록 분발하라는 취지이다.

다음은 매출이 25억 달러 정도 되는 미국의 다국적 기업 사장, 즉 CEO의 스태프 중 한 명인 사장의 급여 명세이다. 이 회사에는 CEO 밑에 세 개의 사업부가 있었고 각 사업부를 사장들이 독립적인 회사처럼 운영한다.

위에서 보았듯이 다국적 기업의 보상체계는 프로 스포츠 선수의

**매출 25억 달러 규모 다국적 기업의 사장 급여 명세**

| 급여 요약표 | |
|---|---|
| | (기준: 달러) |
| 보너스 및 주식 외 인센티브 | 115,763 |
| 연봉 | 441,000 |
| 주식 인센티브 | 588,025 |
| 기타 | 32,272 |
| 총합계 | 1,177,060 |

사장 ○○○은 총 1,177,060달러의 급여를 받았습니다.
총 급여 중 441,000달러는 연봉으로, 115,763달러는 보너스 및 주식 외 인센티브로, 588,025달러는 주식 인센티브로, 32,272달러는 기타 수당으로 받았습니다.
본 정보는 2019년 회계연도에 제출된 주주총회 의사록을 기반으로 작성되었습니다.

연봉체계와 닮아 있다. 일정 이상 직급이 올라가면 성적이 좋은 프로 스포츠 선수들의 연봉처럼 총 급여액이 기하급수적으로 늘어난다. 한 구단에서 뛰는 선수들의 연봉이 수십 배 차이 나듯이 기업에서도 직급에 따라 같은 직급이라 하더라도 개인의 능력에 따라 큰 차이가 난다. 개인의 능력에 대한 평가는 직속상관의 인사 고과에 의해 이루어진다.

기업의 CEO는 팀의 승리를 좌우하는 스타 플레이어와 같다. 뛰어난 기량을 발휘하면 팀도 승리하고 자신의 수입도 크게 늘어난다. 하지만 소위 말하는 헛발질을 하게 되면 자신에 대한 평가 하락과 함께 팀도 연이은 패배에 자멸하게 된다. 예컨대 마이크로소프트의 사례를 보면 알 수 있다.

마이크로소프트는 PC의 시장성을 과소평가했던 IBM을 밀어내고 IT 업계의 왕좌에 등극했다. 그랬던 마이크로소프트도 인류의 생활 패턴을 송두리째 바꾼 애플의 스마트폰이 가져다준 모바일 혁명을 과소평가했다. 당시 CEO는 스티브 발머였다. 그는 미국 법무부의 반독점법 제소 등 위기의 마이크로소프트를 반석 위에 올려놓았지만 판세를 잘못 읽은 대가는 처절했다. 그는 TV에 출연하여 핸드폰 하나를 150달러를 주고 살 사람은 없다고 대놓고 애플을 조롱하기도 했다. 뒤늦게 모바일 시장의 잠재력을 깨달은 마이크로소프트는 윈도폰을 출시하고 추격에 나섰으나 시장점유율은 0퍼센트, 결국 IBM으로부터 물려받은 지존의 자리는 애플에게 넘어간다. 그뿐 아니라 구글, 아마존, 페이스북 등이 탄생하게 되는 길을 열어주기도 했다.

이렇듯이 혹독한 세계 시장 환경에서 CEO의 통찰력에 따라 그 기업은 절대강자로 변신할 수도 있고 시장에서 퇴출당할 수도 있다. 축구에서 관중들을 몰고 다니는 스타 플레이어는 부지런히 움직이며 도저히 각도가 없어 보이는 곳에서 수비의 벽을 허물고 슛을 하는 공간을 창출한다. 마찬가지로 스타 CEO는 융합과 창의를 바탕으로 기존시장의 벽을 허물고 새로운 시장을 창출하는 통찰력이 있다. 앞서 말한 스타 플레이어가 갖춘 2퍼센트의 기량처럼 말이다. 이 2퍼센트의 차이가 있다면 수천만 달러의 연봉을 주어도 기업은 남는 장사다.

# 3

# 손실은 회사의 몫이지만
# 책임은 개인의 몫이다

'A'사에 독일의 한 회사가 인수된 적이 있었다. 그러면서 그 계열사가 국내 건설사들이 수주한 해외 플랜트 공사에 필요한 설비를 공급하기로 한 계약들이 취소됐다. 'A'사의 부당한 계약취소로 인해 공사 차질이 불가피했고 손실 또한 적지 않았을 것이다. 그런데 그 중 손해배상을 청구한 회사는 하나도 없었다. 'A'사에서는 손해배상을 각오하고 계약취소를 감행했고 거래처에서는 손해배상을 청구하면 보상받을 수 있었음에도 불구하고 서면 항의 말고는 별다른 법적 조처 없이 조용히 마무리되었다. 대신 대부분의 거래처에서는 'A'를 블랙리스트에 올려 짧게는 1년에서 길게는 수년 동안 거래를 정지하는 결정을 내렸다.

'A'사의 법무팀에서 계약취소를 지시한 이유는 계약서에 간접손해에 대한 배상 한도액이 없었기 때문이다. 국내 건설사들과 이 계약을 체결한 회사는 'A'사에 막 인수합병된 독일의 한 계열사였다. 그런데 이전의 오랜 관행대로 국내 에이전트가 법무팀의 승인 없이 계약을 한 것이다. 예를 들어 'A'사에서 10억 원의 제품을 납품했다. 그런데 이 제품이 고장나는 바람에 생산 차질이 생겼고 그로 인해 100억 원의 고객 손해가 발생했을 때 'A'사에서는 10억 원만 변상하겠다는 명시적인 조항이 없다는 것이다.

당시 'A'사의 글로벌 지침에 따르면 모든 계약서에 '회사가 공급한 제품의 하자로 인한 손해배상의 한도는 계약 금액을 초과할 수 없다.'라는 조항을 반드시 넣도록 했다. 이는 미국에 본사를 둔 다국적 기업 대부분이 국내기업과 계약할 때 요구하는 조항이다. 미국에서는 우리나라와는 달리 징벌적 손해배상이 인정되는 관례 때문이다. 만에 하나 엄청난 고객의 간접손실이 발생하면 회사가 망할 수도 있다고 생각하는 것이다.

무한배상을 하라는 조항이 있는 것도 아니다. 간접손해에 대한 배상한도액 조항이 없을 뿐이다. 그렇지만 법무팀에서는 계약취소를 지시할 수밖에 없다. 보수적으로 해석하면 무한배상을 해야 할 수도 있다고 생각하기 때문이다. 실제 미국에서는 그러한 일이 발생할지도 모르겠지만 국내에서는 법체계가 달라 일어날 수 없는 일이라고 해도 막무가내다. CEO조차도 이를 말릴 수 없다.

'A'사도 적법하게 체결된 계약을 일방적으로 취소하여 손해가 발생했을 때 고객이 소송을 제기하면 이길 수 없다는 것을 잘 안다. 여러 고객으로부터 소송이 동시에 제기되면 막대한 손해배상을 해야 하는 것을 잘 알고 있다.

하지만 'A'사의 법무팀에서는 이를 인지한 이상 계약취소를 지시할 수밖에 없다. 일이 잘못되었을 때 손실은 회사의 몫이지만 책임은 개인의 몫이 되기 때문이다. 회사의 이익을 위해서 내가 경력에 오점을 남기면서까지 개인적으로 희생할 수는 없다는 얘기다. 단도직입적으로 얘기하면 내 개인의 이익이 희생되어야 한다면 차라리 회사가 망하는 쪽을 택하겠다는 것이다. 확률이 100만 분의 1이라도 마찬가지다. 우리 눈에 이렇게 이해가 되지 않는 난센스의 배경은 결국 "내가 책임질 테니 계약을 취소하지 말고 그대로 실행하라."라고 지시할 주인이 다국적 기업에는 없기 때문이다. 우리나라는 어떨까? 실현 가능성이 거의 없는 리스크 때문에 당장 수십억 원의 계약을 포기하는 회사가 있을까? 결론은 오너가 있는 우리나라의 경영체제에서는 있을 수 없는 일이다.

나는 이렇게 문화적인 차이에서 비롯된 거북한 압박 때문에 협상이 결렬되는 경우를 종종 경험했다. 이러한 다국적 기업의 관례나 문화를 잘 알면 이를 협상의 지렛대로 이용할 수 있다. 국내 대기업에서 간접손해에 대한 배상한도액을 계약서에 넣기가 어려운 일이 아니다. 그들은 무한 손해배상이 국내법 체계상 가능하지 않다는 것도 잘 안다. 그럼에도 불구하고 받아들여지지 않는 것은 전례가 없다는 이유 때문이다.

소위 갑을 문화에서 갑의 계약서는 신성불가침이어서 문구 하나도 고칠 수도 없는 것이 현실이다. 우리나라 기업문화에서는 보험계약서 약관과 같이 굳어진 대기업의 표준계약서 약관을 감히 수정해서 결재를 올릴 사람이 없다. 전례가 없었다는 얘기는 그것을 요구하는 을이 없었다는 것이다. 우리나라 기업문화에서는 이해가 가지만 글로벌 기업문화에 익숙한 사람에게는 수정 불가능한 계약서는 이해하기 힘든 부분이다.

여기에서 'A'사 영업 팀의 입장은 다르다. 수십억 원의 계약을 법무팀이 고집하는 계약서 문구 하나 때문에 포기해야 한다면 얼마나 억울할까? 그런 영업팀에게 배상한도액을 계약서에 넣어줄 테니 가격을 대폭 깎으라고 하면 어떨까? 하자 보증 기간을 두 배로 늘린다고 하면 어떨까? 납기를 대폭 줄이라고 하면 어떨까? 그는 거의 포기한 계약을 살리기 위하여 자기 권한이 허용하는 범위 내에서 모든 협조를 하지 않을까?

5장

---

# 다국적 기업과
# 일하는 법은
# 다르다

---

# 1

# 만났을 때 헤어질 때를
# 준비하라

합작회사 설립 당시에는 채용, 급여, 제품개발, 판매 등 회사 경영 전반에 대한 권한이 나에게 일임되어 있었다. 공장 이전이나 대규모 설비투자와 같이 중대 사안은 서로 협의를 거쳤지만 대부분 나의 의견을 수용해주었다. 합작 이후 10여 년 동안 이러한 우호적인 협력관계에 큰 변화는 없었다. 미국 본사가 다른 회사로 인수합병되거나 아니면 다른 이유로 경영에 관한 정책이나 규정에 큰 변화가 있을 때조차도 항상 나와 협의하였다. 그리고 나서 세밀한 계획을 세워 유예기간을 두고 점차 이루어졌다. 그런데 하루아침에 모든 것이 달라졌다. 그동안 나의 의견을 경청하고 모든 사안을 협의해서 결정하던 우호적인 관계는 지분 양도와 함께 끝났다.

'A'사는 대주주가 되자 모든 것을 일방적으로 밀어붙였다. 지분을 양도한 지 얼마 안 된 2008년 세계 경제 위기로 시장 환경이 크게 달라졌고 사장을 포함한 경영진이 대폭 교체된 것이 큰 이유 중의 하나였다. 하지만 모든 갑작스러운 변화를 정당화하기에는 부족했다. 무모하리만큼 모든 정책과 규정을 한꺼번에 미국 본사와 통일했고 그 과정에서 여러 문제가 발생했다. 이 여파는 급기야 회사의 존폐를 걱정해야 하는 정도의 심각한 위기까지 몰고 왔다.

문제는 수정된 합작계약서에 '세부 업무규정은 본사 규정을 따른다.'라고 되어 있었는데 나로서는 계약서를 사인하기 전에 본사의 업무규정을 일일이 확인할 수 없었다. 내가 이러한 변화를 구체적으로 인지하게 된 것은 변경된 보고체계와 승인 절차가 실행되면서였다. 본사 규정에 따르면 직원 채용이나 임금 결정도 미국의 승인 없이는 할 수 없었다. 5,000달러가 넘는 설비나 자산투자도 본사의 승인을 받아야 하며 승인을 요청해도 거부되기 일쑤였다. 드물게 승인이 나더라도 시간이 오래 걸렸다. 영업이익과 현금 흐름에 따라 경영진의 성과급이 정해지다 보니 사장은 큰 비용지출이나 자산매입을 극도로 꺼렸다.

설비개선으로 생산성이 월등히 향상되어 투자금액 회수가 몇 년 내로 가능하다고 해도 승인이 쉽지 않다. 정말로 생산성이 향상되어 몇 년 후 투자금액이 전액 회수된다고 하더라도 그때까지 현금이 줄어드니 당장 CEO를 포함한 경영진의 성과급은 줄어들기 때문이다. 몇 년 후 지금의 CEO나 사장이 회사에 남아 있을지 아무도 모르니 그 성과개선의 과실을 본인들이 가져간다는 보장도 없다. 많은 다국적 기업의 경영목표가 단기성과에 초점이 맞추어져 있는 이유다. 연봉을 수천만 달러 받는 CEO도 기본급은 100만 달러 정도밖에 되지 않는 경우가 많다. 금액만 크다 뿐이지 CEO조차도 성과급에 목숨을 거는 한낱 월급쟁이일 뿐이다. 조건이 좋으면 다른 회사로 미련 없이 떠난다.

내가 최종 승인하면 즉각 실행되는 시스템에 익숙한 직원들에게는 큰 혼란이 생겼다. 새로운 규정은 전 세계 계열사에 공통으로 적용되는 규정인데 'A'사가 대주주가 된 이상 한국만 예외가 될 수 없다는 것이다. 그런데 지분 양도 시 대부분의 경영권은 이미 그들에게 넘어간 상태여서 내가 할 수 있는 것은 아무것도 없었다. 한국 시장의 잠재력을 크게 평가한 'A'사는 대주주가 된 뒤 운영체계를 통합하고 몇 년 뒤 나의 나머지 지분 30퍼센트마저 인수하고 독자적으로 경영할 계획이었다. 콜옵션*을 가지고 있으니 나의 지분은 원하면 5년 후 언제든지 인수할 수 있었기 때문이다.

반면에 나는 추가지분 양도 후 주주총회 특별결의 사항에 대한 비토(거부)권만 가지고 있었다. 이는 회사 매각이나 청산 등에 대한 거부권이어서 일상적인 회사 경영에 대한 권한은 전혀 없는 것이나 마찬가지였다. 단기성과에 매몰된 'A'사의 성급한 새 경영진의 거듭된 헛발질로 장기적인 성장 전략이 흔들렸다. 직원들의 피로감은 갈수록 누적되었다. 더 이상 합작을 지속하는 것은 의미가 없다고 판단한

---

\* 　주식을 합작파트너에게 특정 시점에 특정 가격으로 매입할 수 있는 권리

나는 이후 풋옵션*을 행사하기로 결심하고 만기가 도래할 때까지 꾹 참고 버텼다. 그리고 추가지분 양도 후 수정 합작계약서에 사인한 지 5년이 지난 2012년에 풋옵션을 행사하였다.

그런데 내가 풋옵션을 행사한 시점에는 사장의 태도가 완전히 바뀌어 있었다. 그는 대주주가 되고 처음 1년간은 쉴 틈 없이 운영체계 통일과 보고체계 통합에만 매달렸다. 그 부작용으로 모든 곳에서 문제가 터지고 급기야 노조까지 설립되자 그제야 운영체계 통일을 중단했다. 이를 주도한 본사 사장은 모든 것을 대충 덮어둔 채 내게 미루고는 슬그머니 빠져나가려고 했다. 그러던 차에 내가 풋옵션을 행사하며 결별을 통보하니 'A'사의 미국 본사는 발칵 뒤집혔다.

'A'사는 지분 추가 인수 시 계획한 콜옵션 행사는 엄두도 못 내고 내가 풋옵션을 행사하자 오히려 극도의 불안에 빠져들었다. 독자적으로 회사를 경영할 대안이 전혀 없었을 뿐 아니라 무너져 가는 회사를 다시 일으켜 세울 자신도 없었던 것이다. 현지 사정을 무시한 채 미국이나 유럽에서 인수합병하던 방식으로 밀어붙이다 보니 여러 문제가 발생했고 직원들과의 갈등은 수습하기 힘든 상황으로 치닫고 있었다.

대개 외국 기업과의 합작계약서에는 출구 계획Exit Plan이 정해져 있다. 합작 종료에 대한 절차와 방법을 합작회사 설립 때 미리 정해 놓는 것이다. 합작 후 일정 기간이 경과하면 한쪽은 콜옵션, 즉 상대방의 주식 매수 권리를 행사할 수 있다. 다른 한쪽은 풋옵션, 즉 상대방

---

*    콜옵션의 반대되는 개념으로 주식을 합작파트너에게 특정시점 특정 가격에 매도할 수 있는 권리

에게 주식 매도 권리를 행사할 수 있다.

양쪽 파트너의 공헌도가 비슷하고 서로의 역할을 대체하기 불가능하여 어느 한쪽이 독자적으로 사업이 불가능한 경우가 아니면 합작회사가 영원히 지속되는 것을 전제로 설립되는 경우는 없다. 다시 말해서 합작회사는 장기적으로 어느 한쪽이 독자적으로 경영하는 것을 전제로 시작하는 경우가 대부분이다. 통상 사업 초기에는 합작 파트너의 협력이 필요하지만 일정 시간이 지나 어느 한쪽이 일방으로 경영할 자신이 있으면 언제든지 다른 한쪽의 지분을 인수하고 합작을 종료하게 된다.

우리 회사는 1997년 50:50의 지분비율로 설립되었을 당시에는 합작 청산에 관한 조항만 있었고 한쪽이 다른 한쪽의 주식을 매수 혹은 매도할 수 있는 옵션 조항이 없었다. 2007년 나의 추가지분 양도로 지분비율이 30:70으로 바뀌고 미국이 대주주가 되면서 추가되었는데 쌍방 모두 옵션 행사 기간은 5년으로 되어 있었다. 5년 후에 미국 본사는 주식을 전량 인수하겠다는 계획을 이미 세워놓았던 셈이다.

합작회사는 외국 시장에 진출하기 위해 단독으로 회사를 설립하거나 리스크가 클 때 회피하기 위한 좋은 대안이다. 현지 기업과의 협력을 통한 시너지 효과가 기대되는 사업일 때 많이 선호한다. 한쪽에서는 기술을 제공하고 또 다른 한쪽에서는 현지의 유통망을 제공한다든지, 한쪽에서는 자금을 대고 다른 한쪽에서는 기술을 제공한다든지 하는 경우가 좋은 예이다. 그렇지만 어떤 경우이든 만남은 이

별을 전제로 한다. 그래서 출구 계획은 모든 합작계약서에 포함되어 있다.

1997년 합작회사 설립 후 10년간 상호 신뢰와 존경을 바탕으로 많은 것을 이루었지만 그 후 'A'사가 대주주가 된 5년간은 돌이킬 수 없는 상처만 남게 되었다. 이제 나는 이 모든 것을 뒤로하고 그들과 헤어지려고 했다. 때가 된 것이다.

# 2

# 이기고 지는 것은 싸워봐야 안다

나는 만기가 도래하자 전격적으로 풋옵션을 행사했다. 'A'사는 굉장히 당황한 나머지 노골적으로 이를 회피하고 방해하였다. 평가보고서Valuation Report가 발행되지 못하도록 한 것이다.

풋옵션이든 콜옵션이든 일단 한쪽이 행사하면 합작 계약상에 지정된 회계법인에 의해서, 그리고 합의된 평가Valuation 절차에 의해서 평가보고서를 의뢰한다. 평가보고서가 발행되면 보고서상의 금액으로 주식양도계약서를 작성하고 한쪽은 다른 한쪽의 주식을 매입해야 한다. 그다음 등기 서류를 넘겨주는 것과 동시에 대금 지급이 이루어진다. 그런데 'A'사는 평가보고서 초안이 나오자 문제가 있다고 생떼를 쓰며 정식 평가보고서의 발행을 고의로 지연시켰다.

기업의 가치평가는 통상 현금 흐름 할인법DCF, Discounted Cash Flow과 시장접근법Market Approach을 사용한다. 우리는 두 개 값의 평균을 내서 초안을 작성했다. 시장접근법은 유사한 조건의 주식이 시장에서 얼마에 거래되었는지 참조하여 평가하는 방법이어서 간단하다. 반면에 현금 흐름 할인법은 미래의 현금 흐름에 할인율Discount rate을 적용하고 이를 기반으로 기업가치를 계산하는 방법이다. 먼저 쌍방이 합의한 기간(통상 향후 5~10년) 동안의 추정 손익계산서를 회계법인에 넘겨주면 1년 차부터 합의된 기간까지의 추정 현금 흐름, 즉 아직 발생하지 않은 미래의 현금 흐름을 연차별로 차등 할인하여 현재의 가치로 환산해서 기업가치를 계산하는 것이다. 이때 할인율에 반영되는 것은 이자뿐만 아니다. 주식의 환금성도 할인율에 큰 영향을 미치며 시장 환경이나 회사 내부사정 등 여러 가지 조건이 고려되는데 리스크가 크면 할인율도 커진다. 결론적으로 먼 미래보다 가까운 미래에 이익을 많이 낼 수 있는 회사의 주식, 비상장주식보다 상장주식, 시장 환경이 유리한 주식, 내외부적인 리스크가 적은 주식의 가치가 높게 평가받는다.

'A'사는 회계법인에서 평가보고서를 발행하면 내가 주식을 처분하고 회사를 떠나리라는 것을 잘 알고 있었다. 그런데 'A'사가 독자경영이 힘들겠다는 판단이 들 때쯤 내가 풋옵션을 행사하자 전혀 대책이 없던 사장은 할인율이 낮다고 생트집을 잡으며 주식양도계약을 거부한 것이다. 지정된 평가업체는 자신들이 지정한 회계법인인데 말이다. 이는 명백한 합작 계약 위반이었다.

회사의 주인이 없다 보니 사태를 이 지경으로 만든 데 대해 책임질 사람도 없었다. 모두가 회사의 성과를 개선하기 위해 매뉴얼대로 했을 뿐이다. 다만 야심으로 가득 찬 새로 온 사장이 모든 것을 일방적으로 밀어붙였지만 계획대로 되지 않았다. 우리가 독자적으로 개발한 기술을 간단하게 생각했던 것이다.

대부분의 다국적 기업에서는 운영체계를 통합하고 기존 보고체계를 본사와 연결하면 합병이 완성되는 것으로 생각한다. 기업환경이나 관습이 비슷한 미국이나 유럽에서는 그것이 가능할지 모르겠지만 우리나라는 다르다. 더구나 우리만의 독자적인 원천기술을 가지고 생산하는 경우는 더더욱 그렇다.

우리나라에서는 상법상 대표이사가 개별 법인의 운영에 대한 전권을 행사한다. 개별 법인 대표이사의 보고를 받는 회장은 상법상 직함이 아니다. 그러나 전 세계에 개별법인을 가지고 있는 다국적 기업의 경우 각국의 법인 운영에 대한 전권을 가진 책임자는 없다. 직무기능별로 각국 〉아시아 본부 〉글로벌 본부 〉CEO로 보고체계가 쪼개어져 있기 때문이다.

미국이나 유럽에서도 회사 운영에 대한 전권을 가진 책임자가 있다면 규모가 적은 중소기업의 대주주일 것이다. 이러한 회사를 인수하게 되면 대주주는 주식을 매각한 뒤 일정 인수인계 시간이 지나면 회사를 떠나는 것이 일반적이다. 그런 후 그 권한을 직무기능별로 모두 쪼개서 본사의 보고체계에 연결하면 인수합병 작업은 마무리된다.

다국적 기업이 새로운 회사를 인수합병할 때 최우선으로 회계, 인사, IT 업무체계를 본사의 운영체계에 통합한다. 이를 위한 작업을 위해 본사에서의 합병팀이 파견되는데 인원은 가급적 최소화한다. 이 과정에서 자칫하면 본사 직원들이 점령군처럼 보일 수 있기 때문이다. 처음부터 갑작스러운 변화를 주는 것은 지양하고 먼저 현업을 철저히 파악한다. 현업을 파악하고 나면 어떻게 통합작업을 실행할지 방향을 정하고 계획을 수립한다. 본사 파견팀의 역할은 여기까지다. 그러고 나면 현지의 기존 경영진이 통일된 실무체계를 완성한다. 이는 기업문화나 관습이 비슷한 미국이나 유럽의 회사를 인수합병을 할 때 일반적인 방법과 절차이다.

우리 회사는 규모도 작고 합작을 10년 동안 지속했던 경우이다 보니 쉽게 생각했던 모양이다. 본사 파견팀도 없었고 세밀한 계획도 없었다. 충분한 유예기간도 없이 운영체계와 보고체계 통합을 무작정 밀어붙였다. 우리 회사는 자체적으로 원천기술을 가지고 기술적으로나 영업적으로 미국 본사로부터 완전히 독립되어 있었다. 이러한 내용을 교체된 새 경영진은 잘 몰랐던 것이다. 우리 회사와 같이 독립된 시스템을 가진 회사를 합병할 때는 방법과 절차에 굉장히 세심한 배려가 필요하다. 회사를 사는 것이 아니고 직원들의 재능을 사는 것이기 때문이다. 제품개발, 생산, 구매, 영업, 마케팅 등 모든 업무의 최종결정권자는 나였다. 그런데 이 기능들을 모두 쪼개어 한꺼번에 본사의 보고체계에 각각 연결하다 보니 문제가 생길 수밖에 없었다.

본사의 직무별 승인권자가 독자 기술로 운영되는 우리 회사의 실무를 아는 사람이 거의 없다 보니 여기저기에서 문제가 생기는 것은 당연한 결과였다. 내가 이 원천기술의 발명자였다. 그러다 보니 이 기술이 안정되고 완성될 때까지 모든 결정에 관여할 수밖에 없었다. 단기이익에 급급한 경영진이 대주주가 되자마자 황금알을 낳는 거위의 배를 갈라버린 셈이다. 10년간 회사가 문제없이 운영되다 보니 상세설계부터 부품선정과 성능검증에 이르기까지 아주 사소한 부분까지 관여해 왔던 나의 역할이 그들 눈에는 제대로 띄지 않았던 것이다.

아무튼 독자 경영에 자신이 없다는 것을 깨달은 'A'사는 합작계약서에 보장된 나의 권한인 풋옵션 행사를 거부했다. 표면적으로 내세운 명분은 있었지만 누가 보아도 억지라는 것을 알 수 있을 정도로 논리가 빈약했다. 그 상황에서 대주주인 'A'사를 상대로 내가 할 수 있는 선택은 국제중재법원에 제소하는 것뿐이었다. 나는 합작 설립 10년 후 지분양도에 필요한 법률업무를 맡겼던 'T' 로펌에 찾아가 합작 청산을 위한 국제중재소송을 의뢰하게 되었다. 그동안 모아두었던 많은 증거 자료를 꼼꼼하게 검토하고 지분 양도 때 나의 일을 맡았던 변호사와 상의했다. 최종적으로 제소를 결정했다. 승소할 자신이 있었기 때문이다.

당시에는 우리나라에 중재 변호사가 있는 로펌이 드물었다. 국내에서 국제중재재판을 신청하는 경우는 흔치 않았고 이를 다룰 수 있는 중재 전문 변호사도 거의 없었다. 그래서 드물게 국내에서 국제중재재판이 필요한 분쟁이 생기면 국내 로펌이 국제중재 전문 변호사가 있는 해외 로펌에 사건을 맡기는 것이 일반적이었다. 그런데 마침 같은 로펌에 근무하는 중재 변호사를 소개받았다. 경험도 많고 유명한 분이었다. 운이 좋았다.

주위에서는 다국적 기업을 상대로 개인이 소송을 제기하는 것은 무모하다고 했다. 그렇지만 나는 유리한 증거를 가지고 있었기 때문에 제소하자마자 'A'사로부터 바로 타협이 들어올 것으로 판단했다. 우리가 제출할 소장에 기술된 논리와 첨부된 증거 자료를 보면 미국측이 반박할 수 없다는 것이 명백했기 때문이다. 그렇지만 나의 예측은 완전히 빗나갔다. 'A'사는 내가 처음 구두로 싱가포르 중재법원에 제소하겠다고 통보했을 때는 설마 했던 것 같다. 그런데 내가 물러설 의사가 없다는 것을 확인한 뒤부터는 중재 전문변호사가 있는 국내의 대형 로펌을 선임하여 적극적으로 대응할 채비를 갖추었다. 나중에 알게 된 사실이지만 사장도 승소하지 못하리라는 것을 알고 있었다. 그렇지만 나와 결별하면 회사가 망가질 것이 두려워서 합작계약서상 당연한 권리인 나의 풋옵션 행사까지 거부한 것이다. 물론 사장에게 전략도 대책도 없었다. 마냥 시간을 끄는 것이 전략이라면 전략이라고 할까. 사장 또한 'A'사의 주인이 아닌 월급쟁이일 뿐이기 때문이다.

영미법 체계를 따르는 국제중재재판은 리스크가 대단히 크다. 국제중재재판은 패소하는 경우 소송에 든 행정비용(인지대) 정도만 배상하는 우리나라나 대륙법을 채택하는 유럽의 다른 나라와 달리 변호사 비용 및 직간접적으로 입은 피해액 전액을 배상해야 하기 때문이다. 설사 이기더라도 소송에 소모되는 시간과 자원의 낭비가 크기 때문에 누가 이기든 간에 양쪽 다 큰 손실이다. 패소하면 재심을 청구할 수도 없다.

그러나 주사위는 이미 던져졌다.

# 3

# 인간적인 매력이 협상을
# 성공으로 이끈다

소개받은 국제중재 전문 변호사는 상견례를 위해 부산으로 내려왔다. 일반 소송조차 생소한 내가 처음으로 국제중재소송을 하게 되었다. 광안대교가 내려다보이는 스테이크하우스 레스토랑에서 식사를 했다. 말쑥한 정장 차림에 단정하고 세련된 매너를 가진 그를 보자 신뢰감이 들었다. 짙은 검은 색의 숱이 많은 머리카락과 맑고 하얀 피부는 연예인을 연상케 했다.

그를 소개해준 같은 로펌의 강 변호사를 통해 국제중재 전문 변호사를 '변호사들의 꽃'이라고 부른다는 얘기를 들은 적이 있다. 그와 얘기를 하면서 왜 그렇게 말했는지 이해가 갔다. 전세계의 국제중재 법원을 무대로 해외 출장을 다니면서 국제소송을 진행하기 위해서는 갖추어야 할 요건이 많다. 국내가 아닌 외국의 법정에서 다투는 재판에서 승소하려면 무엇보다 신뢰가 중요하다. 그러기 위해서는 완벽한 영어는 물론이고 세련된 매너는 기본이다. 그중 테이블 매너는 대단히 중요하다. 각국에 있는 많은 사람과 만나다 보니 식사 자리가 잦다. 유럽은 고급 레스토랑에서 저녁식사를 위한 시간이 2시간 이상 걸리는 것이 보통이다. 그 긴 시간 동안 대화를 이어가려면 업무 외적인 지식이나 상식에도 해박해야 한다. 상대방 국가의 역사, 와인 상식, 아니면 요트, 스키 등 상대방의 취미도 잘 알면 대화를 자연스럽게 주고받으면서 호감을 살 수 있다.

전채는 카르파치오, 칼라마리, 그리고 로메인 샐러드 세 가지를 주문해서 같이 먹기로 하고 대신 스테이크는 채끝 등심을 시켰는데 양을 줄여 각자 150그램만 시켰다. 전채요리가 먼저 나오고 웨이터는 와인 테스팅을 누가 할 건지 물었다. 와인 선택을 그에게 맡겼지만 극구 사양하는 바람에 평소 내가 즐겨 마시는 이탈리아의 슈퍼토스카나 와인을 시키고 테스팅을 그에게 부탁했다. 그는 미리 디캔팅하지 않은 와인을 깨우기 위해 와인 잔을 충분히 흔든 후 조명 쪽을 향해 비추어 보면서 먼저 빛깔을 가늠했다. 그리고 향을 맡은 뒤 한 모금 입에 넣고는 한참 음미했다. 그는 만족한 표정을 지으며 스테이크와 잘 어울리겠다고 한다. 그의 말투뿐만 아니라 매너에서도 세련됨을 느낄 수 있었다.

그는 함께 식사하면서 먼저 국제중재소송에 관해 설명해 주었다. 강 변호사로부터 개략적인 설명은 이미 들었지만 그는 소송의 절차와 방법을 더 상세하게 설명해 주었다. 국제중재소송은 일반소송처럼 3심이 아닌 단심으로, 즉 한 번의 판결로 끝나기 때문에 철저한 준비가 필요하다고 강조했다. 중재인 선임부터 중재절차와 방법에 따른 세부 사항과 일정에 이르기까지 중재법원에서 결정하지 않고 대부분 쌍방 합의에 의해 이루어진다고 했다.

이것은 처음 듣는 얘기였다. 그래서 나는 다음과 같이 물었다.

"그러면 중재인은 누가 어떻게 선임하나요? 중재절차와 방법에 대한 세부 사항과 일정을 중재법원이 결정하지 않으면 재판은 어떻게 진행되나요?"

그러자 그는 그렇지 않아도 설명하려 했다는 듯이 말을 이어 나갔다.

그에 말에 따르면 통상 중재소송 중재인은 미국, 영국 외 호주, 캐나다 등 주로 영어를 사용하는 영미권 국가의 변호사들 위주로 중재인pool이 구성되어 있다. 그런데 그들의 성향과 이전 재판기록 등을 참조하여 당사자들이 중재인을 각자 한 명씩 선택한다는 것이다.

그뿐만 아니라 심리기일 이전까지 서면 공방을 몇 번 주고받을지도 사전 합의하며 합의된 일정에 따른 쌍방의 서면이 모두 제출되고 나면 다음에 있을 심리기일의 순서, 변론방식, 증인 채택 여부 등도 마찬가지로 사전에 협의하여 결정한다는 것이다. 그는 합작계약서를 아직 보지는 못했지만 준거법準據法*은 이미 대한민국 법으로 합의가 되어 있을 것이라고 추측했다. 통상 회사가 소재하고 있는 국가의

---

\* 국제 사법의 규정에 따라 일정한 국제적 법률관계를 규정하는 데 준거가 되는 자국이나 외국의 법률.

법이 적용되는 것이 일반적이라고 했다. 해당 국제중재법원이 속한 나라의 중재인이 주심이 되고 부심은 한 명씩 선임하든 두세 명을 선임하든 합의하기 나름이라고 한다. 두세 명씩 선임하여 상대방에서 선임된 중재인 중 쌍방이 한 명씩 제외시키는 경우도 있다는 말을 덧붙였다.

그렇게 그는 국제중재재판에 관한 충분한 설명을 하고 난 뒤 이번 분쟁의 배경에 관해 물어보았다. 이에 대한 내용은 어느 정도 설명을 강 변호사로부터 미리 들었겠지만 앞에서 설명 들은 절차와 방법에 따른 서면 준비를 위해 상세하게 알고 싶어했다. 이에 대한 설명이 대략 끝났다.

해는 광안대교 너머로 황령산 뒤 하늘을 붉게 물들이면서 지고 있었다. 그날따라 하늘에 새털 같은 하얀 구름이 넓게 퍼져 있어 석양이 한층 아름다웠다. 이윽고 스테이크가 나왔고 잘 구워진 스테이크는 옆에 가지런히 놓인 아스파라거스, 애호박, 가지 등의 구운 야채와 시각적으로도 잘 어울렸는데 맛도 좋았다. 그는 스테이크와 함께 와인을 한 모금 마시면서 'A'사가 왜 풋옵션을 거부한다고 생각하는지 물었다.

나는 설립 이후부터 오늘에 이르기까지 15년간 합작회사를 'A'사와 함께 어떻게 운영해왔는지 설명했다. 특히 'A'사와 최근의 갈등에 대해서는 소상히 설명했다. 'A'사가 대주주가 되고 난 뒤 얼마 안 되어 세계 경제위기가 발생했다. 그래서 대대적인 구조조정이 이루어지면서 우리 회사의 보고라인이 완전히 달라졌다. 나의 멘토이자 직속상관이었던 톰Tom 사장은 새로 인수한 회사의 사장으로 갔다. 그와는 서로 존경심을 가질 만큼 가까웠는데 그의 직속상관이자 우리 회사가 속한 사업부의 총괄 사장인 데니스는 합작회사의 실정을 잘 몰랐다. 톰이 다른 회사 사장으로 가자 데니스는 몇 년 뒤에 기간이 도래하면 콜옵션을 행사하여 합작을 청산하고 미국이 독자 경영을 하기로 결정했던 것으로 보였다. 그래서 그는 미국이 대주주가 되자 합작회사의 운영체계를 본사와 통일하고 보고체계를 본사와 연결하는 작업을 즉각 진행했다.

나는 설명을 하느라 스테이크가 그대로였다. 반면 듣고 있던 그의 스테이크는 거의 반쯤 줄어 있었다. 이어서 그는 왜 'A'사가 방향을 선회했는지 물었다. 문제는 모든 것을 급하게 밀어붙이다 보니 그 과정에서 여러 문제가 발생했고 결국 콜옵션 행사를 포기하기로 결정했던 것 같다고 말했다. 그런데 뜻밖에 내가 풋옵션을 행사하자 대안이 없었던 'A'사는 독자 경영이 불가능하다는 것을 그제야 깨닫고 기업가치 평가가 완료되었는데도 말도 안 되는 트집을 잡아 나의 풋옵션 행사를 거부한 것이다.

그는 국제중재소송을 신청하기 전에 미국 측에서 타협을 먼저 시도하지 않았는지 물었다. 나는 있었다고 대답했다. 사장은 나와 절친한 임원을 보내 소송을 철회하면 회사의 운영체계와 보고체계를 원상으로 복구하겠다고 제안했지만 거절했던 것이다.

"그런데 왜 거절했죠?"

그는 이유를 물었다. 나는 생각을 여과 없이 전달했다.

"경영진이 수시로 바뀌는 다국적 기업의 특성상 본사의 방침이나 지침은 사람이 바뀌면 얼마든지 또 바뀔 수 있습니다. 그래서 근본적인 해결을 위해 저는 추가로 양도한 지분을 되돌려달라고 요구했습니다. 그래야 합작계약서에 나의 경영권 확보를 명시적으로 다시 넣을 수 있으니까요."

"당연히 거부했겠네요?"

"그렇죠. 그런데 대안이 없으니 결국 수용할 줄 알았는데 그렇지 않으니 여기까지 온 겁니다. 사장이 해군사관학교 출신인데 그래서 그런지 이 분쟁을 전쟁과 같이 인식하고 항복하기 싫은 것 같습니다."

나는 나의 생각까지 덧붙여서 말했다. 국제중재소송을 신청한 배경에 대한 설명이 끝나자 그는 오늘은 그 정도면 충분하다고 했다. 서울로 돌아가면 전담팀을 구성할 테니 그때 다시 미팅하자고 했다. 망고 케이크와 아이스크림을 함께 얹은 디저트가 나왔다. 나는 디저트를 들면서 그의 이력이 궁금해 물어보았다.

"변호사님은 어떻게 해서 중재 전문 변호사가 되었나요?"

그는 한참 동안 깊은 상념에 빠져 있었다. 그리고는 입을 뗐다.

"저는 원래 다른 로펌에서 해상법담당 변호사로 일했습니다. 그 로펌에는 해상법담당 변호사가 두 명이 있었는데 IMF 경제위기가 발생하면서 큰 위기를 맞게 되었죠. 거래처인 해운회사들이 부도 위기에 처하자 일은 급감하고 두 명 중 한 명은 그만두어야 할 상황이 된 겁니다."

꽃길만 걸어왔을 것 같았던 그가 그런 위기를 겪었을 것이라고는 상상하지 못했다.

"다니던 로펌을 그만두고 잠시 쉬다가 다른 대형 로펌에 들어갔죠. 거기에서 당시 급증한 인수합병M&A 관련 업무를 하게 됩니다. 그때 마침 그 로펌에 국제중재소송 의뢰가 들어왔습니다. 당시 모든 로펌이 그렇듯이 그 로펌에서도 당연히 미국의 로펌에 의뢰하려 했죠. 그런데 큰 사건이 아니니 직접 맡아보지 않겠냐는 선배의 제안이 있었습니다. 분쟁의 쟁점이 그렇게 복잡한 사안도 아니고 제가 원래 해상법 전문이다 보니 외국회사들과 일했던 경험이 많고 영어도 어느 정도 되니까 그랬던 것 같았어요. 고심 끝에 직접 맡아보기로 했습니다."

그의 이력이 흥미로웠다. 나는 질문을 계속하였다.

"국제중재소송에 경험도 전혀 없어 외국의 법정에서 변론하기가 쉽지 않았을 텐데 상상이 가질 않습니다. 승소했나요?"

지금 국내에서 최고의 국제중재소송 전문 변호사로 활약하는 그의 첫출발은 나에게는 뜻밖이었다. 아무런 경험이 없이 제조를 막무가내로 시작한 나와 묘한 동질감을 느낄 수 있었다. 그는 미소를 지으며 말을 이어 나갔다.

"네. 처음으로 맡은 소송에서 승소하자 회사에서 난리가 났었죠. 그런데 첫 소송을 하면서 깨달은 것은 국제소송도 국내소송과 별다른 것이 없다는 것이었습니다. 판결은 결국 사람이 하는 것이고 핵심은 중재인들을 어떻게 설득하느냐에 달렸으니까요."

"다시 말하면 유창한 영어를 구사하더라도 논리력이 부족한 것보다 중재인의 마음을 움직일 수 있는 진정성이 더 중요하다는 사실입니다. 그러기 위해서는 사건에 대한 철저한 검토와 서면 준비가 관건입니다."

"네. 비즈니스도 마찬가지입니다."

나는 그의 생각에 전적으로 공감을 표시했다. 이러한 사실은 나도 오랫동안 비즈니스를 하면서 경험하였다. 국제 간 비즈니스의 성공 여부는 매일 일상적으로 계속되는 크고 작은 협상 여부에 전적으로 달려 있다. 협상이란 나의 요구를 상대방이 수용하도록 설득하는 과정인데 상대방 역시 마찬가지다. 양쪽 다 이익이 되는 해결책이 있다면 그 협상은 쉽게 끝낼 수 있다.

그러나 쌍방의 이해관계는 한쪽이 이익을 보면 반대로 다른 한쪽은 손해를 보는 구조로 되어 있는 경우가 많다. 따라서 원만한 타결을 위해서는 서로가 적당한 선에서 양보할 수밖에 없다. 사는 쪽은 가격을 최대한 깎으려 하고, 파는 쪽은 가격을 최대한 높이려 하는 것을 생각하면 이해가 쉽다. 자신의 제안이 장기적으로는 상대방에게 이익이 된다고 서로 주장한다. 이때 상대방의 양보를 최대한 끌어내기 위해서는 진정성이 전달되지 못하면 유창한 영어도 소용이 없다. 영어는 의사를 표현하는 수단일 뿐이다. 협상이란 결국 나의 주장을 신뢰하게 만드는 과정인데 외모, 말투, 전문지식, 성격, 진실됨 등이 결국 상대방의 마음을 움직이게 한다.

한마디로 말하면 인간적인 매력이었다. 나는 식사가 끝나갈 때쯤 되자 책임변호사에게 끌리고 있었다. 함께 싸울 좋은 아군을 얻은 것 같았다.

# 4

# 불안과 확신의 경계에서
# 인내가 필요하다

　그가 부산에 다녀간 뒤 국제중재소송 계약을 체결하였다. 그는 계약이 체결되자 사건 개요를 바탕으로 전담팀을 구성하였다. 그는 책임변호사가 되고 실무 총괄 선임변호사 1명, 국제중재법원에 서류 제출 업무를 전담하는 주니어 변호사 2명, 미국인 변호사 1명으로 총 다섯 명이었다. 분야별로 전문변호사의 자문이 필요한 특정한 사안이 생기면 이따금 다른 변호사들도 참여하였다.

　우리 측 전담팀의 선임 변호사의 이력도 책임변호사 못지않게 대단히 독특했다. 아직도 그에 대한 기억이 생생하다. 그녀는 부모와 함께 남미의 어느 나라로 이민 가서 고등학교를 졸업할 때까지 자랐다. 대학은 해외 교민 특례로 국내의 한 법과대학을 졸업했다. 거기까지는 그럴 수도 있겠다고 생각된다. 하지만 그녀는 사법고시에 합격하여 그 로펌에 근무하고 있었다. 외국에서 태어나고 자라 고등학교까지 현지에서 다니고 대학만 한국에서 다녔는데 말이다. 워킹맘인 그녀는 5개 국어를 능통하게 구사했다. 그야말로 의지의 한국인이다. 그런 열정과 의지를 가진 변호사들에게 일을 맡기니 승소에 대한 기대가 컸다.

서면 작성 전 전략적인 사안에 대한 협의는 주로 선임 변호사인 그녀와 이루어졌다. 방향이 정해지면 주니어 변호사들이 이에 따른 관련 자료를 내게 요청하였다. 관련 자료를 찾는 일도 엄청났는데 15년간 주고받은 이메일을 일일이 다 뒤져야 했다. 이외 미국인 변호사는 전략적인 사안에는 관여하지 않아 나와 대화할 일은 별로 없었다.

전담팀이 구성되자 이번에는 내가 서울로 올라가 팀원들 소개를 받았다. 각자의 역할과 앞으로 전개될 국제중재소송에 필요한 업무 전반에 관해 설명을 들었다. 전담팀과의 상견례 후 제일 먼저 시작한 일은 소장 작성이었다. 이를 위해 엄청난 분량의 서류를 보내달라고 했다. 패소하면 안 된다는 일념으로 모든 자료까지 샅샅이 뒤져 거의 빠짐없이 보내주었다. 내 인생에서 아마 긴장이 최고조에 달했던 한 해가 아니었나 싶다.

쌍방 간에 전담팀 구성이 완료되자 양측 팀은 광화문에 있는 상대측 로펌 사무실에서 만났다. 상대측에서도 미국인 변호사 한 명을 포함하여 비슷한 규모로 꾸려졌다. 우리 측 미국인 변호사는 작성된 서면에 오류가 있는지 검토하는 역할을 담당했다. 상대측도 마찬가지인 것 같았다. 그래서 그런지 양측 미국인 변호사는 한국말로 오간 대화가 끝날 때까지 한마디도 거들지 않았다.

상견례가 막 시작된 뒤 또 다른 미국인 변호사가 한 명 더 회의실로 들어오는데 유창한 한국말로 인사를 건넸다. 시니어 변호사인 그를 주한 미국 기업 모임에서 만난 적이 있었다. 그때 그는 자기가 한국에서 오랫동안 살았다고 소개했는데 나를 알아보지 못하는 것 같았다. 소장이 제출된 상태이다 보니 상견례를 겸해서 이후 절차와 일정에 대해 큰 틀에서 합의하는 자리다. 'A'사에서는 아무도 오지 않았다. 내가 행사한 풋옵션을 회피하기 위해 시간을 끌기 위한 것이 유일한 목적이었기 때문일까? 모든 것을 상대측 법무법인에 일임한 듯했다.

제일 먼저 중재인 선임에 대한 제안을 상대측에서 했다.

"중재인은 양측 세 명씩 지명하고 한 명씩 상대측에서 지명한 중재인을 제외하는 것이 어떻겠습니까?"

옆에 앉은 우리 측 책임변호사는 나에게 의견을 물은 뒤 동의한다고 답변했다. 이어서 상대측에서 향후 절차에 대한 제안이 이어졌다.

"심리기일은 10개월 후로 하고 그동안 이후 서류 공방은 세 번씩 하는 것이 어떻습니까?"

우리 측 책임변호사는 나의 얼굴을 쳐다보았다. 동의해줄지 물어보는 듯했다. 나는 귓속말로 시간과 경비가 많이 드니 두 번씩으로 줄이는 것이 어떻겠냐고 했다. 그가 그렇게 제안하자 상대측도 받아

들었다. 나머지 사소한 사안들도 뒤따라 합의되었다. 이로써 국제중재소송에 관련된 절차와 일정에 대한 양측의 협의가 마무리되고 본격적인 서류 공방이 시작되었다.

우리 측의 책임변호사는 상대측의 변호사들은 물론 국내외적으로 이름이 잘 알려져 있었다.

우리가 제출한 소장을 반박하기 위해 'A'사가 제출한 첫 번째 서면을 보니 논리가 빈약하기 짝이 없었다. 그도 그럴 것이 그들이 나의 지분 20퍼센트를 추가로 매입하여 대주주가 된 지 2년도 채 안 되어 세계 경제위기가 닥쳤고 경영진이 대폭 교체되었다. 대주주가 되면서 5년 후 콜옵션을 행사하여 독자 경영을 할 수 있도록 합작계약서를 수정하였다. 그러나 그들은 이 준비기간transition period을 허송세월로 날려버렸다.

새로 온 경영진은 100퍼센트 지분인수에만 관심이 있었다. 그들 중 독자 경영을 위해 무엇을 어떻게 해야 하는지 아는 사람이 없었다. 새 경영진이 조금만 주의 깊게 우리 회사의 사정을 파악했다면 내가 풋옵션을 행사하지 않았을 것이다. 그랬다면 소송까지 올 필요도 없었다고 생각했지만 안타깝게도 이미 엎질러진 물이었다.

우리는 'A'사의 1차 답변서를 검토한 뒤 반박의 여지가 없도록 면밀하게 대응 서면을 준비하여 제출하였다. 'A'사의 2차 답변서가 오기까지는 몇 달이 걸렸다. 하긴 1차 답변서 내용이 그렇게 부실하니 2차 답변서엔 더 이상 반박할 내용이 있었을까?

소송은 회사와 하지만 일은 사람과 하다 보니 회사에서의 일상은 별로 달라진 것이 없었다. 미국 본사 임원들과의 회의에도 참석했고 일이 있으면 직접 통화도 했다. 일하면서 소송에 대해서는 모두 함구하였지만 개인적으로는 친밀함이 계속 유지되었다. 물론 사장이 있을 때는 달랐다. 그렇게 회사의 일상과 소송을 함께하면서 시간을 보내야만 했다. 원래는 소장을 제출하고 즉시 그렇지 않으면 서류 공방 한두 차례만 거치면 곧바로 타협하자고 할 줄 알았다. 그런데 지루하게 이어지는 별 내용 없는 서류 공방만으로 1년 가까이 이어졌다.

나도 심리적으로 무척 지쳐갔다. 시간이 지날수록 불안한 마음이 생겨나기 시작했다. 'A'사가 일관되게 말도 안 되는 억지를 부리다 보니 어디 믿는 구석이 있어 그런가 의구심이 생겼다. 어차피 부심은 쌍방 동수이니 결국은 주심의 판단이 소송의 승패를 결정한다. 'A'사가 다국적 기업이니 혹시 그들에게 유리한 판결을 내리지 않을까? 아니면 'A'사와 친분이 있는 주심이 아닐까? 속절없이 시간만 가니 별별 생각이 다 들었다. 그러나 이러한 불안만으로 마냥 기다리고만 있을 수는 없었다. 심리적으로 지치긴 했어도 철저한 재판 준비와 비합리적인 그들의 모습을 보고 승소의 확신이 있었다. 다만 나에게 필요한 것은 인내였다.

논리적으로 따지자면 'A'사의 풋옵션 행사 거부는 당연히 합작 계약 위반이다. 부실한 논리로 계속 기업가치 평가의 결과를 인정할 수 없다는 것이다. 그것도 자신들이 지정한 회계법인의 보고서를 말이다. 곧 있을 심리기일에 싱가포르 국제중재법원에 출석해야 했다. 싱가포르 출장에 관련된 세부 사항을 책임 변호사와 상의했다. 우리 측에서는 책임 변호사와 선임 변호사가 참석하고 나는 참석을 해도 되고 안 해도 된다고 했다.

쌍방 비용을 절약하기 위해 심리는 한 번만 하기로 합의하였다. 이번 심리가 끝나면 다음 절차는 바로 판결이다. 기도하는 마음으로 심리기일을 기다렸다. 그렇게 시간이 흘러 첫 번째 심리기일이 다가왔다. 소장을 제출한 지 10개월이 넘어서다.

# 6장

## 다국적 기업과 이기는 협상을 하라

# 1

# 단호할 때는 과감하게
# 칼처럼 해야 한다

심리기일을 며칠 남겨놓고 기다리던 중 브래드Brad에게서 연락이 왔다. 브래드는 'A'사 CEO의 스태프 중 최고 선임자로서 글로벌 인사 최고책임자이자 아시아 총괄 사장을 겸임하고 있었다. 그가 내게 연락한 것은 뜻밖이었다. 나는 그가 매 분기 주관하는 아시아 지역회의에 정기적으로 참석하면서 자주 만나게 되었고 어느덧 우리는 가까운 사이가 되어 있었다. 그렇지만 그는 지난 1년간 양사 간의 중재소송에는 일절 관여하지 않았다.

우리 회사와의 중재소송의 미국 측 책임자는 유체기계 사업부 사장인 데니스였다. 데니스 아래에는 아시아, 유럽, 미주를 각각 맡은 세 명의 지역별 사장이 있었고 아시아 사장인 다니엘Daniel은 나의 실선 보고 라인 직속 상관이었다. 모든 사업부의 아시아 비즈니스 총괄 사장인 브래드는 다니엘의 또 다른 직속 상관이었지만 점선 보고 라인이었다. 매트릭스 조직에서 지휘권과 결재권은 실선 보고 라인에 있었다. 우리와의 중재소송에 대한 최종 책임자는 데니스였고 브래드가 관여하지 않는 것은 당연한 일이었다. 그들의 문화는 보고 라인이 다르면 직책에 관계없이 서로 간섭하지 않는다.

그런데 그가 갑자기 나에게 연락하여 데니스가 건강이 좋지 않아 더 이상 중재소송 건에 관여하지 않을 것이고 대신 자신이 맡게 되었다고 했다. 예상과 달리 소송이 1년 가까이 이어지자 지쳐가고 있던 차에 정신이 번쩍 들었다.

강 변호사 말이 맞았다. 미국에서 소송이 판결까지 가는 경우는 20퍼센트도 안 된다고 들었다. 끝까지 가면 소송에서 이기더라도 경제적으로나 시간적으로나 양쪽 모두 피해가 크다. 따라서 대부분은 판결까지 가기 전에 합의를 본다고 했다. 그래서 나는 나의 요구를 수용하지 않으면 중재소송을 신청하겠다고 통보만 해도 타협이 들어올 줄 알았다. 합작 계약 위반에 대한 모든 객관적인 정황이 확실하니까. 그런데 반응이 없어 중재소송 신청을 할 수밖에 없었던 것이다. 'A'사에서는 '설마 다국적 기업을 상대로 중재소송을 신청하겠나.'라고 생각했던 것 같다.

'A'사의 비즈니스는 산업 분야별로 발전 설비, 유체기계, 산업 설비 등 3개의 사업부로 나뉘어 있었다. 각 사업부는 독립된 회사처럼 운영되었는데 그중 유체기계 사업부의 직원 수가 제일 많았다. 그래서 데니스는 세 명의 사업부 사장 중 가장 세력이 컸고 그에 비례해서 야망도 컸다. 이후 발전설비 사업부가 매각되고 나자 그는 유체기계 사업부와 산업설비 사업부를 합쳐 총괄 사장이 된다.

그에 반해 브래드는 현재 CEO인 찰스Charles와 개인적으로 가깝다. 브래드는 찰스와 함께 전임 CEO의 스태프였다. 브래드는 인사 담당이었고 찰스는 법무 담당이었는데 당시 한참 인수합병을 통해 회사를 키우던 중이라 계약업무가 무엇보다 중요하다 보니 변호사 출신인 찰스가 차기 CEO로 낙점되지 않았나 생각한다. 인수합병을 통한 시너지를 바탕으로 사업을 키운 회사도 많지만 잘못되면 회사 전체가 위기에 처하기도 하기 때문이다.

아무튼 세력이 제일 큰 데니스와 CEO와 가까운 브래드는 라이벌 의식 때문인지 별로 친하지 않았다. 매트릭스 조직에서 우리 회사는 유체기계 사업부와 아시아 지역에 동시에 속해 있었기 때문에 데니스와 브래드 두 사람 모두 나의 상관이었다. 사업부별 직제에서 나의 직속상관은 유체기계 사업부 아시아 사장인 다니엘이다. 그는 데니스에게 보고한다. 그런데 다니엘의 점선 라인 직속상관인 브래드에게서 연락이 와 데니스의 건강이 좋지 않아 자신이 나와의 소송 건을 맡게 되었으니 런던으로 오라는 것이다. 협상을 통해 원만하게 해결하고 싶다고 했다.

브래드가 주관하여 상하이에서 개최되는 아시아 지역회의는 매분기 참석하고 다음 해 연간사업계획 수립 및 전년의 실적 결산을 위해 미국 본사에서 개최되는 글로벌 임원 회의는 연말과 연초에 참석했다. 데니스와 직접 만나는 정기적인 회의는 1년에 두 번이었다. 그러다 보니 나는 실선 라인 상사인 데니스보다 점선 라인 상사인 브래드와 만날 기회가 더 많았고 더 가까워진 것 같다. 또한 우유부단한 성격을 가진 직속상관인 다니엘보다 다소 다혈질이던 브래드와 더 잘 맞았다.

내가 중재소송을 제기했기 때문에 타협이 들어오지 않았나 하는 생각도 들었다. 뒤집어 말하면 중재소송을 제기하지 않았다면 내가 아무리 항의해도 누구도 나서지 않았을 것이다. 다국적 기업과 거래할 때 한쪽의 과실로 인해 다른 한쪽의 피해가 발생했고 그 배상책임에 대한 분쟁이 발생했을 때 한쪽에서 과실을 인정하지 않는다면 타협이 쉽지 않다. 아무리 객관적인 정황이 확실하더라도 그 과실로 인해 사고가 발생했다는 인과관계를 입증해야 했다.

우리나라에서는 객관적인 정황이 확실하다면 과실을 인정하고 타협하는 것이 현명한 처세다. 회사의 주인이 옆에서 보고 있기 때문이다. 그러나 다국적 기업에서는 그럴 필요가 없다. 일단 잡아떼고 본다. 드러난 정황만 가지고 시시비비를 가려줄 주인이 없기 때문이다. 아무리 상대방의 불리한 정황이 드러나도 해결이 쉽지 않다. 워터게이트 사건 당시 대통령 부보좌관인 알렉산더 버터필드가 상원 청문회에서 백악관 집무실에는 모든 대화가 녹음되는 비밀장치가 있고 닉슨 대통령이 사건의 은폐 공작에 관여하는 내용도 녹음되었다고 증언하기까지 닉슨이 그랬던 것처럼 말이다. 이들 문화는 99퍼센트의 가려진 진실truth보다 1퍼센트의 드러난 사실fact이 모든 것을 결정한다.

과실을 인정하는 순간 모든 책임을 지고 물러나야 하고 그 이력은 평생 따라다닌다. 그래서 100퍼센트 확증된 물적 증거가 드러나기 전에 순순히 과실을 인정하는 경우는 거의 없다고 보면 된다. 그럴 때 협상에 진전이 없다면 오히려 소송이 원만한 타협의 명분을 만들어줄 수가 있다. 배상을 하더라도 다음 세 가지의 경우 책임 소재와 크기는 완전히 달라진다.

첫째, 내가 과실을 인정하고 배상책임을 진다. 둘째, 나는 과실을 인정하지 않지만 재판에서 판결에 의해 배상책임을 진다. 셋째, 나는 과실을 인정하지 않지만 재판 도중 원만한 타협을 위해 배상 합의를 한다. 이 세 가지 결과의 차이는 가히 하늘과 땅 차이라고 말할 수 있다. 첫째와 둘째는 책임에서 자유로울 수 없다. 때에 따라 물러나야 할 수도 있고 경력이 끝날 수도 있다. 대형 사고에 대한 과실책임이 꼬리표처럼 붙어 따라다닌다. 그런데 세 번째는 나도, 상대방도 과실을 인정하지 않았다. 따라서 양쪽 모두 책임으로부터 자유롭다. 원만한 타협을 위해 배상 합의를 했을 뿐이다. 이러한 문화를 알면 왜 대부분의 소송이 판결까지 가지 전에 합의하는지 쉽게 이해될 것이다.

나는 런던행 비행기를 함께 타기로 한 강 변호사를 인천공항에서 만났다. 그는 항공사 라운지에서 나를 기다리고 있었다. 반가워하는 나와 달리 그의 표정은 별로 변화가 없었다. 그렇다고 그는 차가운 사람은 아니다. 나는 그가 따뜻한 마음을 가졌다는 것을 여러 번의 만남을 통해서 안다. 자주 만나지 못 했지만 나는 그의 스타일에 익숙해져 있었다. 지금까지는 중재팀에서 소송업무를 진행해 왔지만 타협을 통해 소송 철회를 원하는 브래드와의 협상은 처음 만난 중재팀 변호사들보다 오랫동안 우리 일을 맡았던 강변호사가 더 적합하다고 판단했다.

강 변호사는 1997년 합작회사 설립 당시 우리 일을 맡았던 김 변호사가 회사를 떠나자 우리 일을 인계받았다. 그리고 2007년 대주주가 되기를 원하는 미국의 요청을 받아들여 50:50이었던 지분구조를 30:70으로 전환하기 위한 합작계약서 수정 때 그로부터 많은 도움을 받았다. 지분 양도 협상 때 대부분의 쟁점 사항은 경영권에 관한 것이지만 지분 양도 방식에 따라 세금에서 크게 차이 날 수 있기 때문에 자문이 필요했다. 웬만한 건은 그가 직접 자문하지만 사안이 복잡할 경우 세무 전문 변호사의 의견을 받기도 했다. 아무튼 이번에도 그로부터 빈틈없는 큰 도움을 기대했다.

수화물을 선반에 올리고 좌석에 앉으니 안도의 숨과 함께 긴장이 풀렸다. 나에게는 장거리 비행은 모처럼 만에 맞는 휴식이었다. 평소 아침 일찍 출근해서 저녁 식사는 대부분 업무상 손님과 함께 밖에서 하다 보니 집에 들어가는 시간이 늦었다. 늘 잠이 모자라는 편이었다. 장거리 비행은 평상시 모자라는 잠을 보충할 좋은 기회였다. 보통 이륙 후 와인을 곁들여 식사하고 나면 바로 잠이 들었다. 인천 공항이 개항하기 전, 김포공항을 이륙한 후 식사를 마치고 잠이 들었는데 LA 도착을 알리는 기내 방송에 잠이 깬 적도 있었다. 부산 집에서 출발하여 서울에서 국제선으로 환승한 경우에는 어김없이 식사 후 바로 잠이 들었다. 탑승까지 과정이 워낙 피곤해서 비행기에 오르자마자 몸이 파김치가 된 탓이었다. 특히 환승 시간이 맞지 않아 김포공항에서 인천공항으로 이동해야 하는 경우는 말할 것도 없었다.

그런데 협상을 위해 런던행 비행기 탑승 때는 식사를 마치고 나서도 바로 잠이 오지 않았다. 여러 가지 생각이 머릿속을 떠다녔다. 끝까지 단호한 나의 입장을 견지해야 할까, 아니면 어느 정도 양보해서 합의할까? 브래드는 어떤 조건을 제시할까? 답이 없는 질문만 계속하고 있었다. 먼저 브래드의 말을 들어보는 방법뿐인 듯 보였다. 협상이 잘 타결되어 지난 1년간의 스트레스에서 벗어나고 싶다는 생각이 간절했다. 그렇지만 소득 없이 협상을 끝낼 수는 없었다. 그동안의 고생과 노력이 물거품이 되어버리는 것이니까.

혼자 갈까 생각도 했다. 하지만 변호사와 함께 가는 것이 좋을 듯했다. 소송을 철회하여 명분은 내주더라도 최대한의 실익을 받아내기 위해서는 정치적인 판단이 필요했다. 중재소송이 진행 중이기도 했지만 협상을 빨리 타결하기 위해서는 법리적인 조언이 반드시 필요했다. 다행히 항상 나에게 우호적이었던 브래드도 변호사와 함께 만나는 것을 거부하지 않았다. 물론 최종적인 모든 결정은 내 몫이었다. 누구도 대신 결정을 내려줄 수 없었다. 회사 경영을 하는 동안 최고경영자는 매일 크고 작은 결정을 내려야 한다. 최고경영자는 숙명적으로 외로울 수밖에 없다. 그 외로움을 견디고 즐길 수 있을 때만 그 자리에 있을 수 있다.

위치확인시스템GPS 지도를 보니 비행기가 몽고의 울란바토르 근처를 지나고 있는 게 보였다. 여전히 잠이 오지 않아 뒤척이다 이윽고 잠이 든 모양이었다. 식사 준비를 위해 움직이는 승무원들 소리에 잠이 깼다. 착륙 3시간 전이었다. 신기하게도 잠이 깨고 나서도 잠들기 전까지 했던 생각이 계속 이어졌다.

데니스는 회사의 운영체계를 통합하고 보고체계만 결합하면 회사의 합병이 쉽게 마무리될 줄 알고 밀어붙이다 여기저기 문제가 생기자 중단했다. 나는 회사를 살리기 위해서는 운영체계와 보고체계 복원만으로는 부족하고 5년 전 추가로 양도한 지분 20퍼센트를 환원하라고 요구했다. 그렇지 않으면 나의 모든 지분을 처분하고 떠나겠다고 했다. 데니스가 그 조건을 수용하기 어려웠을 것이다. 무리한 합병 추진으로 회사를 위기에 처하게 만든 과실을 인정해야 하니 말이다. 그런데 미국 측에서는 이제야 협상하자고 한다. 데니스는 도대체 지금까지 무얼 믿고 그렇게 무턱대고 버텼는지 모르겠다. 사실 나도 자신만만하게 시작했지만 시간이 갈수록 흔들리고 있었다. 이제 협상 앞에 섰다. 아무튼 이제야 종결점에 이른 듯했다. 본사 쪽에서 먼저 협상을 위해 연락해 왔으니 결과도 좋을 것 같았다. '협상을 통한 합의가 불가능할 경우 취할 수 있는 최선의 대안BATNA, Best Alternative To Negotiated Agreement'도 내가 쥐고 있지 않은가?

오믈렛으로 간단한 아침 식사를 마치고 나니 착륙이 한 시간도 남지 않았다. 런던이 가까워지자 브래드를 만날 생각에 반가운 마음이 앞섰다. 그리고 무엇보다 그가 제시할 협상의 조건이 궁금했다. 1년 전 소장을 제출했을 때 데니스가 나에게 미국 본사로 오라고 했지만 거절했다. 데니스의 성격으로 봐서 집요하게 회유를 하든지, 아니면 대주주의 지위를 이용해서 강압적으로 소송철회를 요구할 것이 뻔했기 때문이다. 그러자 데니스는 나와 개인적으로 친한 공급망supply chain 담당 부사장을 한국에 보냈다. 그는 150킬로그램이 족히 넘는 육중한 몸매에도 불구하고 유머러스했다. 특히 눈을 깜박거릴 때는 귀엽기조차 하다. 그래서 그런지 미국 출장 갔을 때 동료 임원들로부터 독신인 그가 여자들에게 인기가 많다고 들은 기억이 난다.

그는 와인 마니아였는데 와인 수천 병을 소장하고 있었다. 그가 소장한 대부분의 와인은 미국 와인이었는데 나파밸리의 부티크 와인*을 많이 가지고 있었다. 다른 나라 와인은 관심도 없었고 알고 싶어 하지도 않았다. 황소처럼 고집이 센 그다운 취향이다.

그는 공식적으로는 자재 업무 협의를 위해 방문한다고 했다. 하지만 나의 의중을 파악하기 위해서 데니스가 보낸 것을 잘 알고 있었다. 오랜만에 우리 회사를 방문한 그는 직원의 안내를 받아서 내 집무실에 들어오는 중에도 사무실에 있는 아는 직원들과 일일이 악수를 하며 인사를 나눈다고 한참 시간이 걸렸다. 그는 메이저리그의 선수나 각 팀의 모든 기록에 대해서 꿰뚫고 있을 정도로 야구를 좋아했다. 한국에 출장을 오면 야구 좋아하는 직원들과 잘 어울렸다. 나는 그를 반갑게 맞이하고 차를 권했다.

나는 차를 마시면서 이런저런 개인적인 대화를 나눈 뒤 먼저 회의실에서 자재부 직원들과 실무 미팅부터 하라고 했다. 나와의 업무 미

---

* 소량으로 생산되는 고품질 와인.

팅은 나중에 하자고 했다. 그러자 그는 기다리지 못하겠다는 듯 다짜고짜로 말문을 열었다.

"정말 합작을 깰 거야?"

나는 기습적인 그의 물음에 잠시 당황했지만 그 얘기는 나중에 하자고 하면서 진정시킨 뒤 회의실로 안내했다. 회의실에서 우리 직원들과 만나 업무 미팅을 하면서 나의 의중을 당연히 물어보았을 것이다. 그도 'A'사가 대주주가 된 이후 모든 것을 일방적으로 밀어붙이는 바람에 얼마나 많은 문제가 발생했는지 잘 알고 있다. 내가 얼마만큼 화가 나 있고 합작 관계를 단호하게 정리하고자 하는지도 전달되었을 것이다. 하지만 그는 소송만 철회하면 모든 것을 원점으로 되돌리겠다는 데니스의 말을 전하면서 설득했다. 그런 그에게 말하기가 쉽지 않았지만 나는 지분구조를 원래대로 환원하지 않으면 끝까지 가겠다고 단호하게 말했다. 모든 문제가 미국이 대주주가 되면서 비롯된 것이라는 말을 덧붙였다.

그는 나의 단호한 결심을 데니스에게 보고했을 것이다. 그렇다고 내 요구를 들어줄 수도 없었을 것이다. 자신의 모든 과실을 인정해야하니까. 부사장이 다녀간 후 데니스는 나의 의중을 명확히 파악했고 그때부터 본격적인 서면 공방이 시작되었다. 나는 소송을 시작하면서 철회 조건을 이미 제시했다. 그 외의 타협은 없음을 분명히 했다. 조건 외의 이유로 서로가 만나야 할 일이 있다면 데니스가 한국에 오든지, 아니면 제3국에서 만나자고 했다. 그래서 데니스와의 만남은 이루어지지 않았다.

국제중재소송을 신청한 지 1년이 지나 'A'사의 미국 본사에서 타협을 위해 런던에서 만나자고 했다. 그것도 데니스가 아닌 브래드로부터. 브래드는 1년 전 내가 데니스에게 했던 말을 알고 있는 듯했다. 미팅 장소를 런던으로 정한 것만 보고도 그의 배려심을 느낄 수 있었다.

# 2

# 적진에 우호 세력을 만들어야 이길 수 있다

비행기는 히스로공항을 선회하며 착륙을 준비했다. 히스로공항은 내가 가장 꺼리는 공항이다. 환승하기가 불편하기로는 주요 허브 공항 중 최악이다. 공항을 계속 증축해서 확장하다 보니 환승을 위해 한쪽 터미널에서 다른 터미널로 이동할 때 거리가 장난이 아니다. 각 터미널을 연결하는 운송시설도 열악하여 걷는 거리가 굉장히 긴데 2시간의 환승 시간이 부족할 때도 있었다. 그나마 이번에는 환승이 아니라 도착지여서 다행이었다.

착륙 후 입국 수속을 마치고 숙소에 도착했다. 브래드가 예약했는데 템즈 강변에 있는 런던 메리어트호텔 카운티홀이었다. 규모가 웅장하였고 런던아이, 빅벤, 웨스트민스터 다리가 한눈에 들어오며 국회의사당이 내려다보이는 곳이었다. 런던의 랜드마크인 이 건물은 1922년에 조지 4세와 메리 여왕이 런던 지방 정부의 본부로 개장했다고 한다.

호텔 체크인을 하고 난 뒤에도 여전히 이른 새벽이어서 잠시 휴식을 취했다. 아침 식사 후 강 변호사와 함께 호텔 주변 산책을 나갔다. 먼저 호텔 바로 옆에 있는 런던아이에 함께 올랐다. 바퀴가 돌아가면 방향이 바뀌면서 다양한 전망이 펼쳐진다. 한 바퀴 도는 데 약 30분이 소요되는데 런던아이를 중심으로 반경 40킬로미터 이내의 도시 모습을 내려다볼 수 있다. 아래에 있는 모든 것이 정말 바쁘게 돌아가고 있었다. 1년간 소송에 올인하다 사람들로 붐비는 캡슐 안에서 런던 시내를 내려다보니 모처럼 휴가 온 기분이었다. 런던아이에서 내린 뒤 박물관 등을 둘러보며 그야말로 망중한을 즐겼다. 갑자기 내가 여기에 왜 와 있는지 생각하니 합작 이후 숨 가쁘게 앞으로만 달려왔던 지난 15년간 일들이 스쳐 지나갔다.

합작하게 된 배경은 당시 데이브가 급조한 회사를 비싼 가격에 매각하기 위해 이머징 마켓의 장식품이 필요했기 때문이다. 실제 합작 계약은 회사가 매각된 후 이루어졌는데 데이브의 회사를 인수한 회사와 체결되었다. 몇 년 뒤 그 회사는 다른 회사에 또 인수 합병되었다. 합작하게 된 배경은 코미디에나 나올 법한 일이었지만 나중에 회사의 주인이 바뀌고 시간이 흐르면서 업무는 차츰 자리를 잡아갔다. 각 실무부서 차원에서 'A'사와의 협업 관계가 구축되고 모두 정신없이 뛰었다.

우리는 최대의 성과를 내기 위해서 열심히 노력했고 'A'사는 새로 생긴 합작회사를 지원하기 위해 최선을 다했다. 합작 이후 10년간은 정말 행복했다. 나의 직속상관인 톰은 우리 회사의 모든 것을 좋아했는데 거기에는 사연이 있었다. 2002년에 공장을 이전하면서 사무실에 최고급 카펫을 깔았다. 그 이유는 이전 공장 사무실이 너무 더러워서였다. 직원들은 언제든지 걸레로 닦으면 지울 수 있다고 생각하고 사무실에 들어올 때 조심하지 않다 보니 바닥은 항상 기름 발자국이 널려 있었다. 아침저녁으로 사무실 청소를 했다. 퇴근 후부터 다음날 출근 때까지는 깨끗한데 근무가 시작되면 항상 더러워졌다. 거꾸로 되어야 하는 것이 아닌가? 그래서 새 공장 사무실에는 최고급 카펫을 깔았다. 1년도 안 되어 카펫이 망가진다며 직원들 반대가 심했다. 나는 두고 보자고 했다. 최고급 카펫에 기름 묻힐 강심장을 가진 직원이 얼마나 있는지.

직원들의 태도가 달라졌다. 사무실에 들어오기 전에 신발 바닥에 기름이 묻었는지 확인했다. 묻어 있으면 철저히 닦고 들어왔다. 만에 하나 카펫에 묻으면 다른 직원들에게 미안하게 생각하고 스스로 즉각 지웠다. 그럼에도 불구하고 카펫에 원인 모를 기름 발자국이 간혹 발견되었는데 나중에 알고 보니 외부방문객이 현장에서 묻혀온 기름이었다. 직원들은 아무리 노력해도 현장이 더러우면 사무실을 깨끗하게 유지하는 것은 불가능하다는 사실을 깨달았다. 현장에 놀라운 변화가 일어났다. 현장의 청결 관리가 지시나 명령이 아닌 자발적으로 이루어진 것이다. 2002년도에 깔았던 카펫은 2016년 확장해서 새 공장으로 이사 갈 때까지 한 번도 교체하지 않았는데 여전히 상태가 양호하였다. 톰뿐만 아니라 미국 본사에서 누가 와도 미국이나 유럽 공장보다 깨끗하고 정돈된 우리 공장의 사무실과 현장을 보고 감명을 받았다. 톰이 기름 발자국이 널린 이전 공장을 방문했다면 어땠을까? 그의 한국에 관한 생각이 여전히 좋았을까?

아무튼 톰은 우리 공장뿐만 아니라 한국에 관련된 모든 것을 좋아하였다. 심지어 며느리도 한국 여자를 보고 싶어했다. 우리 직원 중한 명을 굉장히 마음에 들어했는데 다음 방문 때 그 직원이 보이지 않자 물어봤다. 결혼 후 사직했다고 말하자 굉장히 서운해했다. 그는 굉장히 자상한 아버지이기도 했다. 미국의 명문대학교에 다니던 그의 아들이 대학에 다닐 때 복잡한 수학 문제를 못 풀어 도움이 필요하면 톰에게 전화하는 것을 가끔 보았다. 대학 교수직을 거절할 정도로 명석한 두뇌와 통찰력을 가지고 있었다. 그러다 보니 스태프들 사이에 설득하기 가장 힘든 상사로 소문나 있었다. 계량적인 논리가 없으면 어떤 것도 승인받기 힘들었다.

그렇지만 한국에 대한 신뢰는 절대적이었다. 그래서 그는 CEO를 설득하여 'A'사가 우리 회사의 지분을 추가 양도받아 대주주가 되도록 했다. 나중에 이 사건은 그가 다른 회사 사장으로 간 뒤 전혀 예기치 못한 갈등을 만들게 된다. 또 그는 회의가 있을 때마다 우리 공장에 구축된 자동화 라인을 칭찬하였다. 미국과 유럽에는 시기하는 매니저가 더러 있을 정도였다. 미국이나 독일공장에는 자동화 라인이 구축되어 있지 않았기 때문이다.

그런데 지금 나는 왜 여기에 있을까? 미국이 대주주가 된 뒤 세계 경제위기로 구조조정이 이루어지고 보고 라인이 바뀌게 되자 눈에 보이지 않는 신뢰와 존경으로 맺어진 양사 간의 관계가 틀어지기 시작했다. 미국 본사 승인 없이는 새로운 프로젝트는 아무것도 할 수 없어 실적은 악화되었다. 합작을 청산하려고 결심했지만 'A'사가 거부하는 바람에 국제중재소송까지 가게 되었다. 그리고 1년 후 데니스는 협상에서 물러나고 나와 친한 브래드와 협상하기 위해 런던까지 날아왔다. 사람 사이에도 만남과 이별은 불가피하다. 회사도 마찬가지였다. 그래서 합작할 때 출구전략까지 세워놓지 않는가? 필연적인 일이다. 필연적인 일이기에 헤어지는 것이 무엇보다 중요했다.

그날 저녁 브래드를 만났다. 우리 측 변호사와 함께 런던 시내에 있는 레스토랑에서 저녁 식사를 함께했다. 그는 저녁 식사 시간 동안 협상 얘기는 거의 하지 않았다. 이전에 중국에서 회의할 때 나의 아내와 딸을 만난 적이 있다 보니 근황을 물어보았다. 자기 딸 들의 근황도 아주 소상하게 얘기해주었다. 디자인을 전공한 셋째 딸은 텍사스에 있는 한 패션 회사에 취직되었는데 아내와 함께 가서 집도 구해주고 가구와 집기 모두를 갖추어 준 뒤 지난주에 돌아왔다고 했다. 텍사스는 브래드의 집이 있는 노스캐롤라이나에서는 상당히 먼 거리인데 자주 볼 수 없어서일까, 아니면 어린 딸을 객지에 처음 내보내서일까 브래드의 눈시울은 어느새 붉어져 있었다.

다음 날 아침 호텔 안의 회의실에서 미팅을 시작했다. 협상은 의외로 굉장히 수월하게 타결되었고 미팅은 점심 때쯤 마무리되었다. 점심 식사는 호텔에서 간단하게 했다. 브래드는 미국에 돌아가면 합의한 대로 수정 합작계약서를 보내주겠다고 했다. 그렇게 긴 시간이 소요된 미팅은 아니었지만 잔뜩 긴장한 뒤 협상이 쉽게 타결되어서일까, 아니면 시차 때문이었을까 방으로 들어가자마자 잠이 들었다.

이렇게 쉽게 타결될 문제를 왜 1년 가까이 끌었는지 이해가 가지 않았다. 소송 당사자인 데니스가 후퇴를 모르는 사관학교 출신이었기 때문일까? 확실한 사실은 적진에 우호적인 세력이 없었다면 이기기 힘들었을 것이다. 런던에서 돌아온 지 얼마 되지 않아 수정 합작계약서가 도착했고 강변호사의 자문을 받은 뒤 큰 수정 없이 보내주었다. A'사에서 그대로 사인하여 보내왔다.

그동안 소송이 길어지면서 내 주변의 시선이 냉소적으로 변했다. 아니, 그렇게 느껴졌다. 마치 "개인이 다국적 기업을 상대로 소송하다니 제정신이야?"라고 수군거리는 것 같았다. 아무튼 중재소송이 원만한 타협으로 끝나자 그러한 냉소적인 시선은 놀라움으로 바뀐 것처럼 느껴졌다. 주위에서 변한 것은 없는데 단지 내 느낌만 그랬을까?

# 3

# 리더가 철학을 공유해야
# 구성원이 따른다

중재소송이 마무리되자 회사 업무를 정상화시키기 위해 쌍방이 노력을 다했다. 미국 본사의 지원으로 직원들의 동기부여와 자발적인 참여를 저해하는 요소를 하나씩 제거해 나가자 회사는 정상을 되찾아갔다. 미국이 대주주가 되고 모든 권한을 장악한 후부터는 당장 생산이나 판매가 중단될 정도의 심각한 문제가 아니라면 덮어두고 일을 만들려고 하지 않았다. 생산부나 영업부에서는 미국 본사의 승인이 필요한 설비투자, 신규 시장 개발, 수주증대 방안 등을 자발적으로 추진하려 하지 않았다. 승인 절차가 까다롭고 시간도 오래 걸리다 보니 귀찮기 짝이 없었다. 또 국내의 상관습을 전혀 고려하지 않고 배타적이기까지 한 내부 규정은 직원들을 지치게 했다. 그런데 쌍방의 세심한 노력 덕분에 직원들의 태도도 점차 달라지기 시작했다.

각 부서의 업무 처리방식은 눈에 띄게 달라졌다. 가장 큰 변화는 공장 이전이었다. 그전까지 공장이 2개로 나누어져 있어서 물류부터 인원 관리 등 여러 가지 비효율적인 요소가 많았다. 생산능력도 부족해서 두 공장을 합쳐 인근지역으로의 확장 이전을 미국 본사에 요청하였으나 번번이 거절당했다. 승인 절차가 복원되자 즉시 새 공장 설계에 들어갔다. 설계할 때 현재 부족한 생산능력을 확충하기 위해 단순히 추가적인 생산공간을 확보하는 차원을 넘어 향후 10년 이상 공장 증설이 필요 없도록 단계적으로 스마트 공장으로 변환하는 것도 병행하였다. 드디어 2016년 두 공장을 하나로 합쳐 인근 공단에 새 공장을 완공하였다. 이전하자마자 스마트 공장 구축에 착수했다.

공장 이전 직후부터 준비작업을 시작한 스마트 공장은 2019년부터 모습을 드러내기 시작했다. 우리 회사는 오래전에 국내에서 업계 최초로 공장 자동화 생산 라인을 구축하였다. 공장 자동화는 공장의 모든 기계나 설비를 컴퓨터나 전기 전자 시스템을 이용하여 공정을 제어하고 생산과정을 자동화하는 것이다. 우리가 생산하는 제품은 수요가 제한적이어서 가전제품처럼 대량생산할 수 없었기 때문에 미국이나 유럽에서도 드문 일이다.

자동화에 필요한 각 공정의 프로그램 설계는 사람이 했다. 예를 들면 생산 라인 속도는 관리자가 정하며 작업자는 정해진 속도를 따라갔다. 그런데 정해진 속도가 항상 효율적인지는 의문의 여지가 있었다. 관리자도 사람이기 때문이다. 관리자가 라인 속도를 정할 때 작업자 한 사람 한 사람의 숙련도를 개별적으로 고려할 수 없기 때문에 비인간적인 측면이 있었다. 이에 반해 스마트 공장은 사물인터넷을 통해 수집된 데이터를 기반으로 공장 스스로 공정을 최적화하는 시스템이었다. 인간의 개입이 없는 것이 더 인간적인 것은 역설적이었다.

워낙 까다로운 승인 절차 때문에 신제품 개발도 거의 몇 년간 이루어지지 않았다. 하지만 서서히 군불이 지펴지기 시작했다. 몇 년이 지나자 일반 제품보다 전력비를 80퍼센트를 줄일 수 있었고 미국이나 유럽에서 생산되는 에너지 절감형 제품보다 50퍼센트 이상 에너지 절감 효과가 뛰어난 획기적인 제품도 출시할 수 있었다.

기업의 존재 목적은 이윤추구다. 조직구성원이 매사 지시를 받는 데 익숙하면 스스로 성과를 창출하는 능력은 퇴화된다. 그래서 이윤을 극대화하기 위해서 리더는 조직구성원들과 경영철학을 공유하고 구체적인 실무는 방향만 제시하고 무엇을 할 것인지, 어떻게 할 건지를 스스로 결정하도록 하는 것이 좋다. 이렇게 하면 조직구성원 각자 성과를 창출하는 능력은 저절로 개발된다.

나는 이러한 철학을 데이브에게서 배웠다. 그런데 CEO로 새로 부임한 맥스Max의 철학은 달랐다. 전 세계의 모든 직원이 하나부터 열까지 예외 없이 동일한 규정과 절차대로 일하도록 프로세스를 만들고 싶어했다. 그렇게 하고도 업무가 가능하다면 최상이다. 하나로 통일된 규정과 절차로 전 세계에 있는 직원들을 움직이려면 굉장히 정밀해야 한다. 그러한 체계를 구축하기 위한 시간과 비용은 상당하며 감당할 수 없으면 불가능할 수도 있다. 맥스는 그러한 세밀한 과정 없이 만들어진 규정과 절차로 밀어붙였다. 국가별, 제품별, 고객별로 특성화된 시장환경을 무시하고 가중치 없이 동일한 기준을 적용하여 프로세스를 움직이려 하다 보니 여기저기 문제가 생겼다. 어쩌면 당연한 결과였는지도 모른다.

나는 데이브의 스타일이 선진화된 미국의 경영 방식이라고 생각하고 배우려고 노력했다. 그 결과 회사를 이만큼 성장시킬 수 있었다. 그런데 맥스의 스타일은 완전히 다르다. 그를 보면 혼란스럽다. 과연 데이브의 스타일이 미국 스타일일까, 아니면 그만의 스타일일까?

# 4

# 적을 열렬한 지지자로
# 만들어라

주인이 없는 다국적 기업에서는 모든 기회가 열려 있다.

완전한 평등이라고 말하기에는 아직 이르지만 성별이나 인종을 초월해서 거대기업의 CEO 자리에 오른 경우를 종종 본다. 우리나라 기업에서는 독점적 지배권을 가진 특정 주주가 임원들의 인사에 절대적인 영향력을 행사하지만 다국적 기업에서는 직속상관이 절대적인 인사권을 가진다. 일반직원에 대한 인사권은 매니저, 매니저에 대한 인사권은 부사장이나 디렉터, 부사장이나 디렉터에 대한 인사권은 사장, 사장에 대한 인사권은 CEO가 행사한다. 규모가 작은 회사는 사장이 CEO인 경우도 있다. 또 규모가 큰 회사는 코퍼레이트 사장 아래 아시아나 유럽 등 지역별 사장이 따로 있는 경우도 있다. 이 경우 코퍼레이트 사장이 지역별 사장에 대한 인사권을 행사한다.

인사고과도 직속상관 외 누구도 관여하지 않는다. 다시 말하면 사장은 매니저의 인사고과에 관여하지 않는 것이다. 심지어는 매니저가 고과를 한 결과를 부사장이 볼 수 없는 경우도 있다. 그러다 보니 직장 내에서 성공하기 위해서는 무조건 직속상관의 눈에 들어야 한다.

한 부사장 밑에 5명의 매니저가 있다 치자. 이 모든 매니저는 차기 부사장이 되기 위한 경쟁자다. 따라서 다국적 기업에서의 직속상관의 지시나 명령에 절대적으로 복종한다. 겉으로는 회의할 때 직속상관 앞에서 다리를 꼬거나 의자 뒤로 등을 눕다시피 제치거나 해서 굉장히 자유로운 것 같지만 명령에는 이론의 여지가 없다. 그들은 결론을 내리기 전에 많은 의견을 경청하는 것은 이들 문화다. 직속상관이 의견을 물어보면 자유롭게 생각을 말할 수 있다. 하지만 일단 결론이 나고 지시가 내려오면 무조건 따라야 한다. 더러는 공과 사가 애매한 경우도 있다. 요즈음 우리나라에서는 꿈도 못 꾸는 일을 경험한 적도 있다.

브래드로부터 식사 초대를 받은 적이 있다. 우리는 중국에서 함께 회의에 참석한 직후였다. 식사하면서 브래드는 'A'사로 오기 전에 다른 다국적 기업에 있었을 때 얘기를 들려주었다. 앞에서 설명했듯이 다국적 기업의 보고 체계는 매트릭스 조직으로 되어 있고 통상 두 명의 직속상관이 있다. 한 명은 실선 보스이고 다른 한 명은 점선 보스이다. 그 회사는 'A'사보다 규모가 10배쯤 큰 식품 관련 기업이었고 아시아 본부가 홍콩에 있었다. 브래드가 그 회사에 근무할 때이다.

하루는 점선 보스로부터 다음 달 인도네시아 출장 때 자신을 수행하라는 연락을 받았다고 한다. 그 점선 보스는 골동품 수집광이었는데 골동품 쇼핑도 일정에 넣어달라고 했다. 당연히 브래드는 개인적인 일에 안내를 요청하는 그에게 화가 났다. 그래서 실선 보스에게 하소연했는데 뜻밖에 그는 아무 말 말고 최선을 다해 도와주라고 했다. 그런데 문제가 생겼다. 그가 골동품 쇼핑을 하기로 된 날은 라마단 기간이라 모든 골동품 가게가 문을 닫는다는 것을 알게 된 것이다.

그다음 이어지는 브래드의 말은 그가 진짜 미국인인지 의심이 들 정도로 기상천외한 내용이었다. 그는 점선 보스가 오기 며칠 전 휴가를 내어 미리 인도네시아에 가서 골동품 가게 거리에 있는 상점들을 일일이 찾아가 돈을 주며 당일 문을 열어 달라고 부탁했다. 무례하기까지 한 부탁을 했던 점선 보스이지만 얼마나 큰 감동을 받았는지는 말할 것도 없다. 당일이 라마단 기간이라는 것을 알게 되었고 그럼에도 불구하고 골동품 가게가 자기 한 사람만을 위해 문을 열었다는 사실에 감동받지 않을 사람이 있을까? 그가 돌아가자 브래드는 바로 임원으로 진급하였다. 만일 다른 사람들이 이러한 부탁을 받았다면 어땠을까? 실선 보스도 아니니 거절했거나 그것도 모자라 주변에 그의 부당한 처사에 대해 떠들지 않았을까? 그러면 당연히 서로는 적이 되었을 것이다. 또 'A'사 CEO의 스태프로 스카우트되지도 않았을 것이다.

이는 주인이 없는 다국적 기업이기 때문에 가능한 일이다. 만일 우리나라에서 그런 일이 생겼다면 당연히 개인적인 부탁을 한 그 임원은 오너의 눈 밖에 나 회사를 떠나야 했을 것이다. 그런데 브래드는 사전에 개인적으로 휴가를 내 그를 도운 것이기 때문에 규정에 벗어난 것은 없다. 그는 거절할 수도 있었던 부탁을 받았지만 그것을 전화위복의 기회로 삼았다. 적이 될 수도 있었던 사람을 열렬한 지지자로 만들었다.

우리나라의 대기업에서는 독점적 지배권을 가진 특정 오너와 연고가 없이 최정상의 자리에 오르기는 쉽지 않다. 거의 불가능하다. 그런데 다국적 기업에서는 그런 일이 다반사다. 주주 구성이 수시로 바뀌는 구조에서는 직속상관 말고는 누구에게도 특별한 연고가 필요하지도 않다. 이러한 환경에서는 능력을 과시하는 것보다 적이 없어야 한다. 서구사회는 신용사회다. 평판은 평생을 따라다니기 때문에 나머지 인생의 자산이 되기도 하고 족쇄가 되기도 한다.

평범한 월급쟁이가 거대 다국적 기업의 CEO가 되기는 쉽지 않다. 하지만 현재 대부분의 거대 다국적 기업의 CEO는 평범한 월급쟁이 출신이다. 최정상의 자리에 오르기 위해 능력은 기본이다. 그렇지만 능력은 발휘하되 과시하지 말고 남의 과실은 기억하되 공격은 피해야 한다. 능력은 과시하는 순간 모두가 자신을 경쟁자로 인식한다. 과실을 기억해야 하는 것은 언젠가 적이 되는 것이 불가피하다면 그때 유용한 무기가 될 수 있기 때문이다.

# 5

# 떠날 때를 알아야 한다

몇 년 만에 회사는 몰라보게 달라졌다. 각 부서는 살아 있는 세포처럼 스스로 활동하며 협업을 통해 공동의 목표를 향해 나아갔다. 직원들은 회사와의 신뢰를 바탕으로 최대한의 자율권을 보장받는 반면 결과에 대한 책임은 스스로 져야 한다는 것을 잘 알고 있었다. 함께 노력하여 간소화된 승인 절차 덕분에 활기가 되살아나고 실적은 좋아질 수밖에 없었다.

실적이 개선되자 회사 분위기는 예전의 모습을 되찾았다. 그런데 회사가 안정되자 'A'사에서 CEO가 사임을 발표했다. 찰스는 내 아들 대학교 입학 때 추천서를 써준 적이 있다. 그렇지만 평소 개인적으로 가깝게 지낸 사이는 아니다. 서로 존경심을 가지고 있었는데 다니엘 이전에 나의 직속상관이었던 톰을 포함해 다른 임원들에게 우리 회사에 대해 자주 들었기 때문일 것이다. 급성장한 한국 시장 덕분에 우리 회사를 미국 본사에서는 모두가 잘 알고 있었다.

찰스가 사임을 발표했을 때 세 명의 차기 CEO 후보도 함께 발표했다. 그중 맥스와 다니엘은 내가 함께 일을 한 적이 있어 잘 알던 사장들이었고 나머지 한 명은 신임 CFO였다. 세 명의 후보 중 신임 CEO 자리는 이사회를 통해 맥스에게 최종적으로 낙점되었다.

당시 미국 본사에는 글로벌 비즈니스 총괄사장인 데니스 밑에 에너지, 식품 설비, 산업 설비 세 개의 산업 분야별 사업부제로 개편되어 운영되고 있었다. 이전에는 미주, 유럽·중동·아프리카, 아시아·태평양 세 개의 지역별 사업부제로 운영되었다. 맥스는 지금 식품 설비 사업부 사장이지만 이전에 유럽·중동·아프리카 사장이었는데 나와 많은 일을 같이하였다. 데니스가 그토록 오르고 싶어했던 자리다. 그런데 그는 물러나고 그의 아래 직급인 식품 설비 사업부 사장인 맥스가 그 자리에 오른 것이다. 신임 CEO가 발표되자 브래드는 찰스와 같은 세대의 다른 스태프들과 함께 은퇴를 발표하였다. 이른바 세대교체가 이루어진 것이다. 신임 CEO의 스태프 인선에 부담을 주지 않기 위해서인 것 같았다. 맥스가 인선을 끝내고 새로운 스태프를 발표할 때 톰은 회사에 그대로 남아 있었다. 톰은 찰스나 브래드보다 나이가 많았지만 후임을 구하기 쉽지 않아서였을 것이다.

맥스가 유럽·중동·아프리카 사장이었을 때 'A'사는 플랜트 설비 시장의 큰손으로 갑자기 부상한 한국 시장 확대가 절실했다. 2000년

대 후반부터 우리나라의 건설사들은 중동의 정유, 석유화학 플랜트 프로젝트 수주를 싹쓸이하다시피 했기 때문이다. 한국 건설사가 총 프로젝트의 70퍼센트 정도를 수주하였다. 당연히 한국 시장에 많은 관심이 집중되었다.

이전까지는 미국이나 유럽의 건설사들이 주계약자로 프로젝트를 수주하면 한국의 건설사들은 하청업체로 참여하였다. 1970년대 박 정희 대통령 때 인력 수출로 시작된 중동 건설 수출사업은 1980년 대 도로, 항만, 교량 등 인프라 공사 수출을 거쳐 1990년대 플랜트 수출로 이어졌다. 그 당시만 하더라도 주계약자가 아니라 하청업체 로 참여하였다. 그 축적된 경험을 바탕으로 2000년 중반쯤 되자 중 동의 정유, 석유화학플랜트 프로젝트에 주계약자로 입찰에 참여하 였다. 이후 몇 년 동안 미국과 유럽의 대형 건설사들을 밀어내고 수 주를 늘려가더니 급기야 2000년 후반부터는 중동의 굵직한 프로젝 트를 모두 싹쓸이해버렸다.

'A'사는 한국에 두 개의 법인이 있었다. 하나는 유틸리티 설비를 생산하는 합작회사이고 다른 하나는 'A'사의 모든 제품을 한국에 판 매하는 법인이었다. 내가 2개 법인의 대표이사직을 겸하게 된 때가 이 시기와 겹친다. 'A'사에서는 이해하기 힘들었을 것이다. 플랜트 설비 판매가 제로였던 한국 시장에서 내가 대표이사를 맡은 후부터 매년 수천만 달러에서 1억 달러에 이르는 판매가 이어졌으니 그럴 만도 했다. 당시 맥스는 급성장한 한국 시장의 최대 수혜자였지만 계 약취소 사건 이후 관계가 소원했다.

맥스가 CEO가 되자 갈등은 또 다른 곳에서 발생했다. 우리가 개발한 신제품은 국내시장에서 획기적인 매출 신장을 이루어내고 있었다. 미국 시장 역시 80퍼센트 이상 에너지 비용을 절감할 수 있는 획기적인 제품이 큰 관심을 끌며 시장을 넓혀가고 있었다. 새 제품이라도 우리 제품으로 교체하면 2~3년 만에 교체 비용을 회수하고 나머지 기간에는 80퍼센트의 에너지 비용이 고스란히 절약되니 설치하지 않을 이유가 없었다.

문제는 독일 공장이었는데 자체적인 개발팀이 없어 미국에서 개발된 제품 도면을 받아 생산하고 있었다. 성능, 효율, 원가 모든 면에서 경쟁력이 월등한 우리 제품의 판매가 미국 시장에서도 급성장했다. 그러자 본사에서 미국 제품을 단종하고 일부 대형 제품만 남겨놓고 한국에서 생산된 제품만 판매하기로 결정한 것이다. 미국 공장의 생산라인을 없앤다는 얘기는 독일이 도면을 받아 생산할 수 있는 제품이 없어진다는 말이다. 그러면 독일 공장도 문을 닫고 우리가 생산하는 제품을 판매할 수밖에 없다. 절박한 입장에 내몰린 독일 공장은 나에게 우리 신제품을 독일에서 생산할 수 있도록 해달라고 했다. 나는 아직 새 기술은 100% 완성된 것이 아니며 판매를 하면서 꾸준히 보완해 나가야 해서 지금 당장 기술이전은 위험하다고 설명했다. 내가 이 신제품의 발명자인데도 믿으려 하지 않았다. 기술이전을 거절당하자 노골적으로 우리를 공격하기 시작했다.

독일의 한 공장에 설치되어 있는 우리 제품의 성능 데이터를 현장에서 측정하여 본사에 보내 문제가 많아 판매할 수 없다고 했다. 내가 우리 엔지니어들과 그 데이터를 분석해보니 조작된 것이었다. 증거를 제시하고 조작한 내용을 조목조목 반박하자 독일에서는 조용해졌다. 여기에서 물러날 상황이 아니라고 판단하고 미국 본사의 감사팀에 조사를 요구하였다. 다국적 기업에서 윤리규정 위반에는 엄중한 처벌이 따른다. 윤리규정 위반을 발견하면 누구라도 언제든지 감사팀에 신고하도록 독려하고 주기적으로 교육을 한다. 그런데 몇 달이 지나도 감사팀의 답변이 없었다. CEO인 맥스도 보고를 받았을 것이고 감사팀과 협의가 있었을 것이다. 이 사건이 이렇게 흘러가자 나는 나와 'A'사와의 관계는 여기까지라는 생각이 들었다. 나의 멘토인 톰도 이미 사직하지 않았는가.

나와 가까웠던 임원들은 대부분 회사를 떠났고 새 임원들이 그 자리를 채웠다. 톰이 떠난 뒤 톰의 스태프마저 모두 교체되었다. 그렇다 보니 한국 파트너사에 대한 존경심과 그 역할에 대한 미국 본사의 고마움도 점차 사라졌다. 이에 대한 원망은 없다. 세상은 그렇게 돌아가는 것이고 내가 이 회사를 떠날 때가 된 것뿐이다. 그리고 무엇보다 중요한 것은 중재소송을 철회를 합의한 뒤 7년 동안 더 근무하면서 내가 없이도 직원들 스스로 공장을 운영할 수 있도록 시스템을 바꾸는 등 최선을 다했다. 그렇기 때문에 부담 없이 떠날 수 있었다.

1994년 데이브의 합작 제의로 시작된 'A'사와의 파트너십은 2020년 나의 지분을 완전히 넘겨줌으로써 막을 내린다. 횟수로 27년 동안의 동행이었다.

# 세월은 사람을 기다리지 않는다

R 중학교 현관에 들어서면 큰 로비가 있었고 긴 복도를 따라 교무실과 교실이 있었다. 중간고사와 기말고사가 끝나면 1, 2학년 학생들의 전교 석차가 로비에 게시되었다. 석차를 적은 종이는 족히 20~30미터는 되었던 것 같다. 마치 조선 시대 과거 합격자를 발표하는 방榜처럼 긴 게시물이 걸리는 날에는 이를 확인하려는 학생들로 로비가 미어터졌다.

당시 기억 중 아직도 뚜렷하게 남아 있는 것은 전교 석차게시물 위에 옆으로 길게 걸려 있었던 도연명의 「인생무근체人生無根蔕」라는 한시이다. 중학교 3년 동안 이 시를 최소한 석 달에 한 번은 읽을 수밖에 없었다. 세월이 지나 기억이 희미해졌지만 마지막 구절은 아직도 기억하고 있다.

(…전략…)

盛年不重來　젊은 시절은 두 번 다시 오지 않고
생 년 부 중 래

一日難再晨　하루에 새벽은 두 번 오지 않는다.
일 일 난 재 신

及時當勉勵　때를 놓치지 말고 부지런히 애써라
급 시 당 면 려

歲月不待人　세월은 사람을 기다려주지 않는다.
세 월 부 대 인

이 시 밑에 전교 석차 게시물을 우연히 붙였는지, 아니면 전교 석차 게시물 위에 의도적으로 걸어놓았는지 지금도 궁금하다. 이제 붙잡고 물어볼 누구도 없으니 알 수 없다.

내가 사업을 시작한 초창기 위의 시와 관련된 사건이 하나 있다. 사무실은 부산의 중앙동에 있었고 집은 범일동이었는데 7시에 일어나 씻고 나서 아침 식사를 한 후 8시에 집을 나섰다. 처음엔 30분도 안 걸리던 출근 시간이 몇 년 지나자 한 시간 가까이 걸리게 되었다. 그 사이 '마이카 시대'가 되어 너도나도 차를 샀던 것이다. 그뿐만 아니라 빌딩의 지하주차장은 이미 만차였고 주차하는 데만 30분가량 걸렸다. 그러니 사무실에 들어서면 9시가 훨씬 넘어 있었다. 그래서 생각해낸 것이 한 시간 일찍 집에서 나와 운동하고 출근하는 것이었다. 그렇게 수영을 한 시간 하고 씻은 뒤 아침을 먹고 출근해도 사무실에 8시면 들어갈 수 있었다. 한 시간 일찍 일어나 출근하니 결론적으로 한 시간을 벌 수 있었다. 놀라운 일은 여기서 그치지 않았다. 시계 알람을 새벽 6시에 맞추고 잠이 들면 항상 정확히 새벽 6시 1초 전에 저절로 눈이 떠졌다. 아침에 눈을 뜨고 시계 쪽으로 고개를 돌리면 거의 알람이 울리기 직전이었다. 술을 많이 마시거나 몹시 피곤한 날을 제외하면 예외 없이 그랬다. 1~2년 후 더 이상 교통난을 감당할 수 없어 사무실을 외곽으로 옮길 때까지 이러한 생활이 계속되었다. 지금 생각해도 설명이 되지 않는다. 도연명의 한시 「인생무근체」 마지막 구절이 무의식 속에서 나를 여기까지 인도하지 않았을까?

한국의 베이비부머 세대는 '바보처럼 열심히 산' 마지막 세대이다. 풍요로운 환경에서 성장하며 '하마터면 열심히 살 뻔했다'고 말하는 포스트부머 세대로부터는 꼰대 소리를 듣는다. 또한 자식뻘인 MZ 세대에게는 영화 〈식스센스〉에 나오는 브루스 윌리스처럼 유령 취급을 받는다. 그들은 서구에서는 300년 동안 겪은 시대적 변화, 즉 농경 시대, 산업화 시대, 정보화 시대, 인공지능 시대를 불과 반세기 만에 경험한 지구상에 유래가 없는 세대이다. 이러한 배경을 이해한다면 그들은 MZ 세대에게 300년 전 과거에서 타임머신을 타고 온 세대처럼, MZ 세대는 그들에게 미래에서 타임머신을 타고 온 세대처럼 보일 것이다. 이런 전제를 이해한다면 서로의 생각과 가치가 다른 것을 자연스럽게 받아들이지 않을까? 그러면 갈등도 줄어들지 않을까? 동서고금을 통틀어 현재의 대한민국처럼 세대별로 사고방식이나 가치관이 이만큼 다른 나라가 또 있을까? 사고방식이나 가치관이 달라 서로 다른 환경에서 살아가는 것이 아니라 살아온 환경이 워낙 다르다 보니 다른 사고방식과 가치관을 갖게 될 수밖에 없었을 것이다.

이 책에 적힌 이야기의 주인공은 우리나라 베이비부머 중심에 있는 58년 개띠이다. 우리나라의 경제 발전을 이루기 위해 청춘을 보냈고 잡초 근성으로 세상을 살았지만 이젠 무대에서 퇴장해야 하는 세대이다. 개인의 역사지만 한국의 베이비부머 세대 역사이기도 하고 나아가 우리나라 근대사이기도 하다. 다음 세대는 앞선 세대의 지혜와 경험을 밟고 다음 세계로 나가야 한다. 도약을 기대한다.

# 글로벌 비즈니스 승리의 법칙

: 다국적 기업에는 주인이 없다

**초판 1쇄 인쇄** 2022년 12월 5일
**초판 1쇄 발행** 2022년 12월 12일

**지은이** 이병승
**펴낸이** 안현주

**기획** 류재운 이지혜 **편집** 안선영 **마케팅** 안현영
**디자인** 표지 정태성 본문 장덕종

**펴낸 곳** 클라우드나인    **출판등록** 2013년 12월 12일(제2013 – 101호)
**주소** 우) 03993 서울시 마포구 월드컵북로 4길 82(동교동) 신흥빌딩 3층
**전화** 02 – 332 – 8939    **팩스** 02 – 6008 – 8938
**이메일** c9book@naver.com

**값** 18,000원
ISBN 979 – 11 – 91334 – 27 – 2 03320